10秒で顔が引き上がる

奇跡の頭ほぐし

エイジングデザイナー
村木宏衣

主婦の友社

CONTENTS

PART 1
村木式「頭ほぐし」で3大たるみ
ほうれい線・上まぶた・フェイスラインを10秒で引き上げる！

PART 4
大人の体と心の不調を「頭のツボ押し」で整える

PART 2

村木式「頭ほぐし」+「顔ほぐし」で顔の「老け見えサイン」を解消

PART 3

村木式「頭ほぐし」で白髪・薄毛対策

PART 5

背中と首のこりをほぐせば「頭ほぐし」の効果が上がる!

PART 6

頭のこらない生活習慣

近ごろ、ほうれい線が目立ってきた、目元のシワが気になる、フェイスラインがゆるんできた……実はそれ、頭がカチコチにこってるサインです。顔と頭は筋肉と筋膜でつながっています。頭がこって筋肉や筋膜の動きや血流が悪くなると、顔の筋肉を引き上げる力が弱くなり、たるみやシワなどを引き起こすのです。頭蓋骨や顔の骨が引っぱられて角ばり、顔のくぼみや影が目立つことも。頭がこる原因は、姿勢の悪さや歯の食いしばりなど。スマホやPCを長時間使い、目を酷使している方は、首・背中から頭までが石のようにかたまっていることもあります。ストレスも大きな原因になります。

頭皮をさわってみてください。指でつまめるでしょうか。額とおなじくらいのやわらかさが、理想的な頭皮の状態。数ミリつまむのがやっと、という方も多いのではないでしょうか。

私のサロンでは、フェイスケアに加え、村木式

「最近、老けてきた」
「顔がたるんできた」
それは、“頭のこり”のせいかもしれません

「頭ほぐし」を取り入れています。顔と頭を同時にケアすることで、一度の施術でも目がぱっちりする、ほおが引き上がるなど、大きな効果を得られます。

この本では、サロンで施術している「頭ほぐし」の方法をお伝えします。顔のお悩みごとに、筋肉のメカニズムから、原因となるこりを効果的にとれるよう導き出した、オリジナルのテクニックです。個人差もありますが、1プロセス10秒前後でも、緊張がほぐれ、血流が上がり、顔がキュッと引き上がったと実感される方も多いでしょう。さらに、お悩みに直接アプローチする「顔ほぐし」もお教えします。あわせて取り入れれば、見た目がぐっと若返るはず。

「頭ほぐし」は、白髪や薄毛など髪の悩みを予防し、体やメンタルの不調のケアの解消にも効果を発揮します。フェイスケアやヘアケアを頑張っても効果が出にくくなった、なんとなく調子が悪い、と感じたら、ぜひ、村木式「頭ほぐし」を毎日の習慣に。

あなたの頭も
こっているかも？

＼セルフチェック／

頭がこっているかどうかはご自身でチェックができます。実際に頭をさわってみてください。知らず知らずのうちに、こりがたまっている方が、とても多いのです。

☑ 頭皮が指でつまめない

頭頂部に親指と人さし指をあて、頭皮を中心に寄せるようにつまんでみましょう。本来、頭皮も額と同じくらいやわらかくつまめるものです。つまめない、かたくて動かない人は頭皮がこっている証拠。

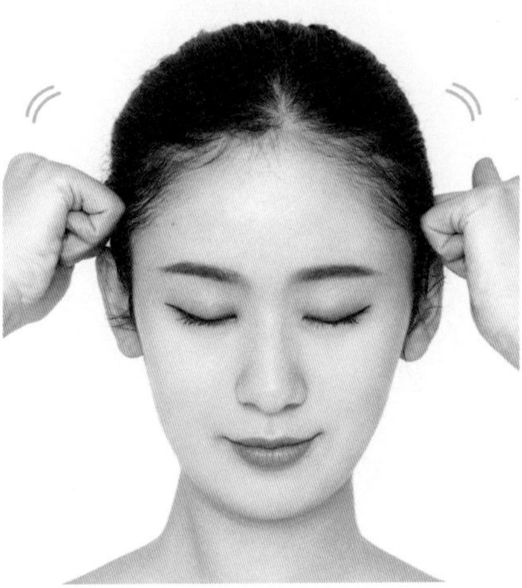

☑ こぶしで生え際や眉の上をグリグリすると痛い

にぎりこぶしの平らな面を押しあてる。小さな円を描きながらもむとゴリゴリする、痛いと感じたら、こりやむくみが起きています。

☑ 頭皮をさわると ぷよぷよしている

逆に頭皮の弾力がなくぷよぷよしているのも、頭がこっているサインです。頭皮はつまめるけれど痛いと感じるときはむくみが起こっています。

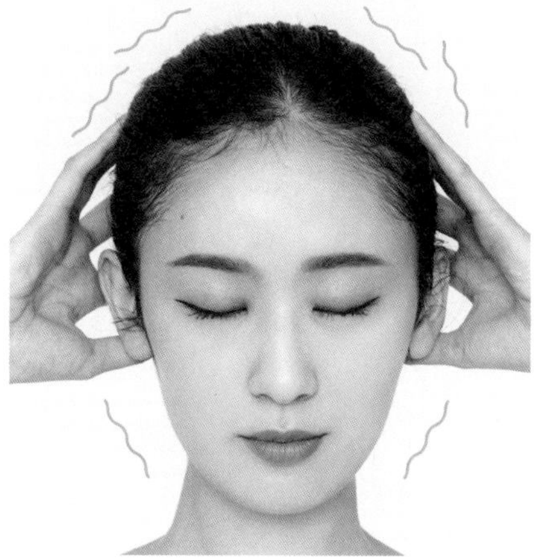

☑ 額や頭頂部、えり足の左右が角ばってきた／左右で形が異なる

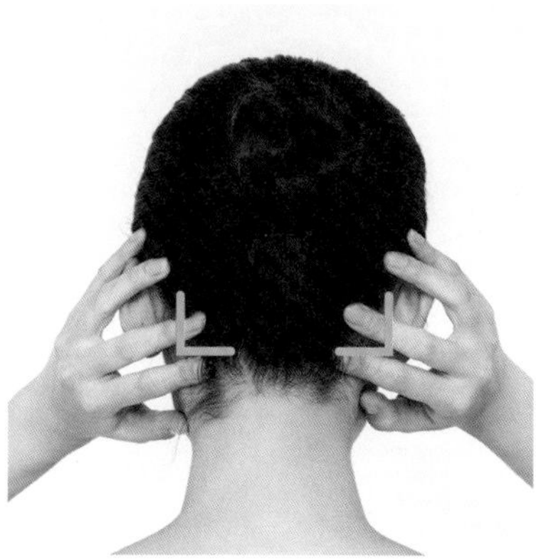

本来、頭はなめらかな丸い形。頭がこると、頭蓋骨が引っぱられてゆがみ、ハチや額、えり足の左右などが角ばり、ごつごつとしたシルエットになります。

↓

☑が1つでもある人は
頭がこっています!

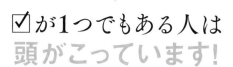

頭がこっていると「3大たるみ」が出やすい

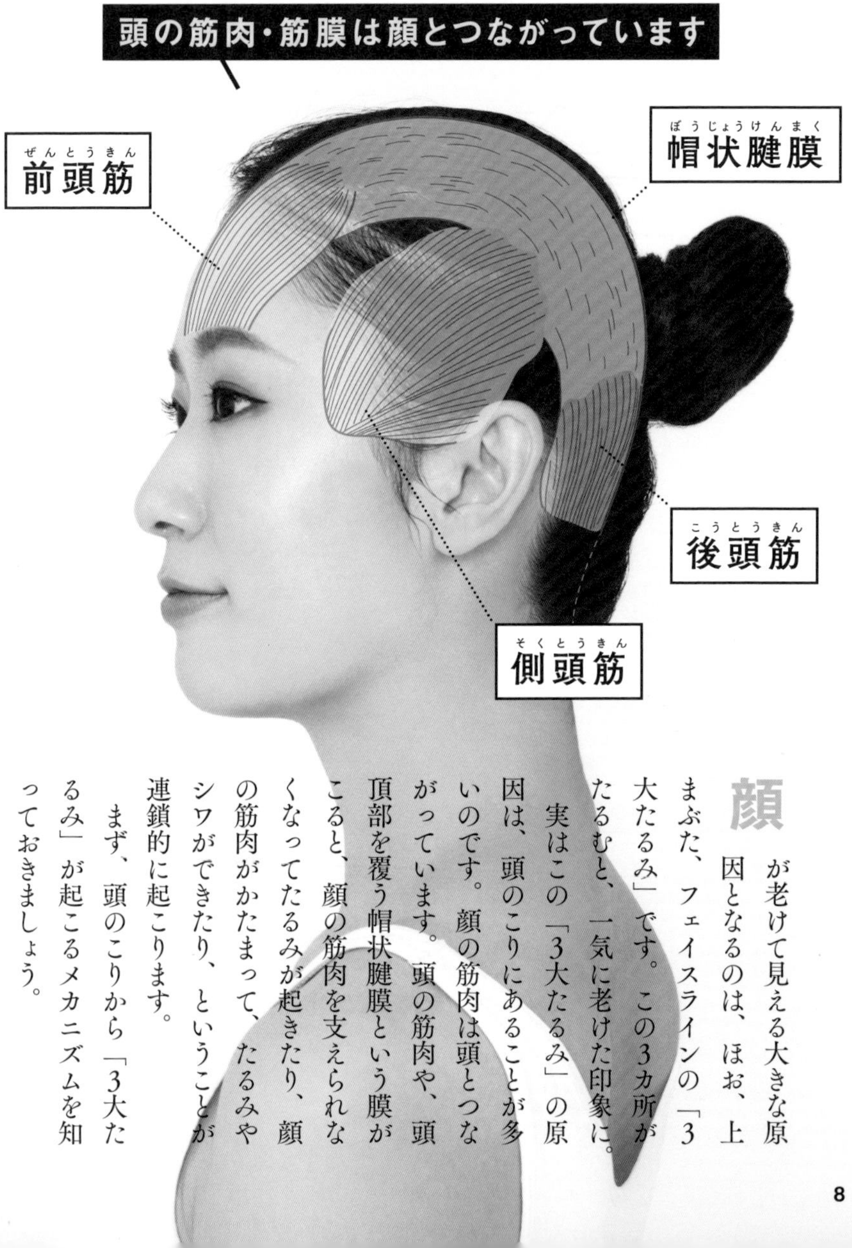

顔が老けて見える大きな原因となるのは、ほお、上まぶた、フェイスラインの「3大たるみ」です。この3カ所がたるむと、一気に老けた印象に。

実はこの「3大たるみ」の原因は、頭のこりにあることが多いのです。顔の筋肉は頭とつながっています。頭の筋肉や、頭頂部を覆う帽状腱膜という膜がこると、顔の筋肉を支えられなくなってたるみが起きたり、顔の筋肉がかたまって、たるみやシワができたり、ということが連鎖的に起こります。

まず、頭のこりから「3大たるみ」が起こるメカニズムを知っておきましょう。

3大たるみ 1

ほおのたるみ（ほうれい線）は 側頭筋のこりが原因だった

側頭筋は耳の上にある大きな筋肉。ほおや口元の筋肉とつながっています。こって縮まると、ほおや口元が上がらず、ほうれい線に。

側頭筋がこる原因は、目の使いすぎ、奥歯の食いしばり、ストレスなど。ほおが横に引っぱられて引き上げる力が失われ、たるみが起こります。

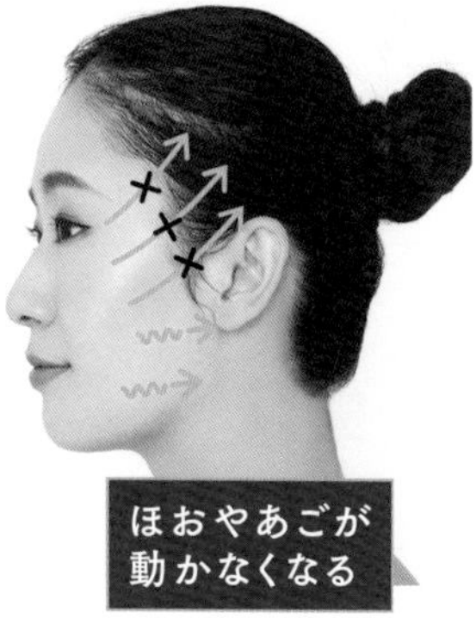
ほおやあごが
動かなくなる

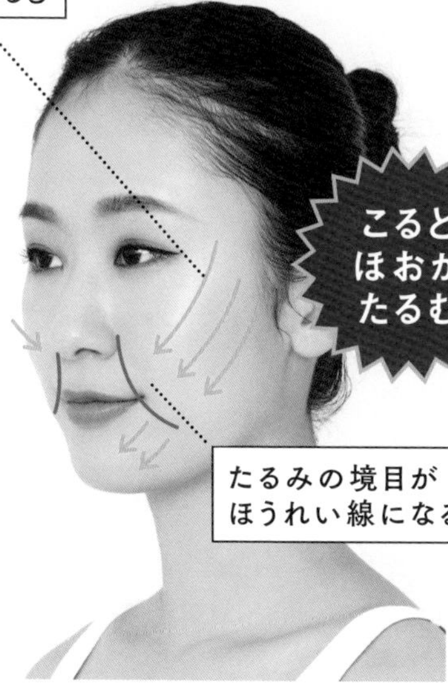
ほお全体や
口角が
下がってたるむ
こると
ほおが
たるむ
たるみの境目が
ほうれい線になる

ほおや口元の動きが悪くなり、ほお全体がたれ下がります。ほおの肉が下にたまりほうれい線に。口角も下がり、より老け顔に。

Check !

こんな人は注意!

- ☑ スマホやPC、老眼で目を酷使する人
- ☑ 集中力が求められる仕事をしている人
- ☑ 睡眠中などに奥歯を食いしばりがちな人

3大たるみ　2

上まぶたのたるみは **前頭筋・帽状腱膜のこり** が原因だった!

前頭筋は額を覆う筋肉、帽状腱膜は頭頂部を覆う筋膜です。眉や目の筋肉とつながっていて、こると眉や上まぶたが動きにくく。

目を酷使したり心配ごとがあると、前頭筋が緊張してこり、上まぶたが上げづらくなります。上まぶたを額の筋肉で開けるクセもこりの原因に。

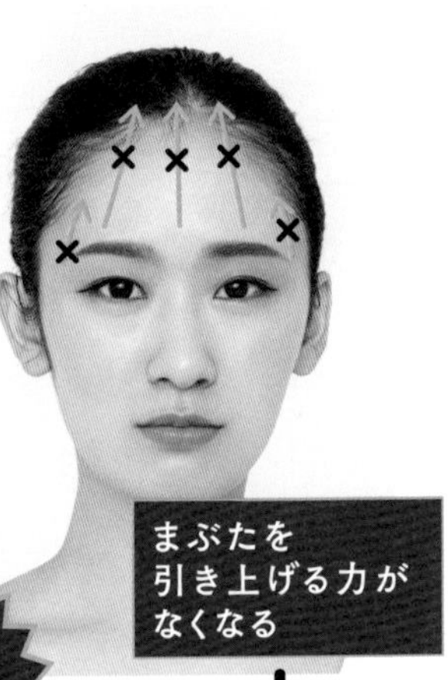
まぶたを
引き上げる力が
なくなる

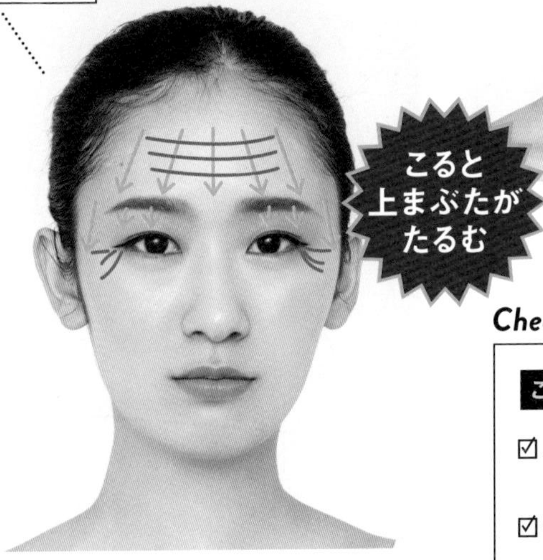
上まぶたが
たるんで
目が小さくなる
こると
上まぶたが
たるむ

上まぶたがたるんで目にかぶさり、目が小さく見えたり、目尻のシワに。額の筋肉で目を開ける傾向も強まり、額にも横ジワが。

Check !

こんな人は注意!

- ☑ スマホやPC、老眼で目を酷使する人
- ☑ 額の筋肉で目を開けるクセがある
- ☑ 真面目な性質・心配性で常に悩みがち

3大たるみ　3

フェイスラインのたるみは 後頭部のこり が原因だった!

後頭筋は頭の後ろの下のほう、えり足あたりにあり、顔全体を後ろに引っぱり、リフトアップする筋肉。こると、輪郭のたるみに直結。

デスクワークで長時間うつむいた姿勢が続いたり、目を使いすぎて後頭筋がこると、頭頂部やサイドから顔を引き上げる力が弱くなる。

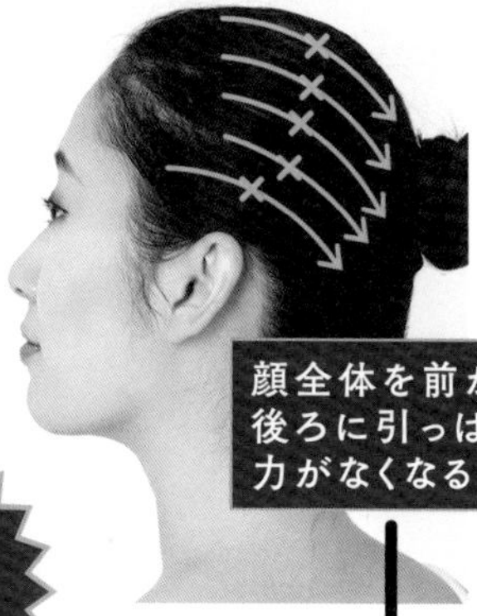

顔全体を前から後ろに引っぱる力がなくなる

顔全体が下がってくる

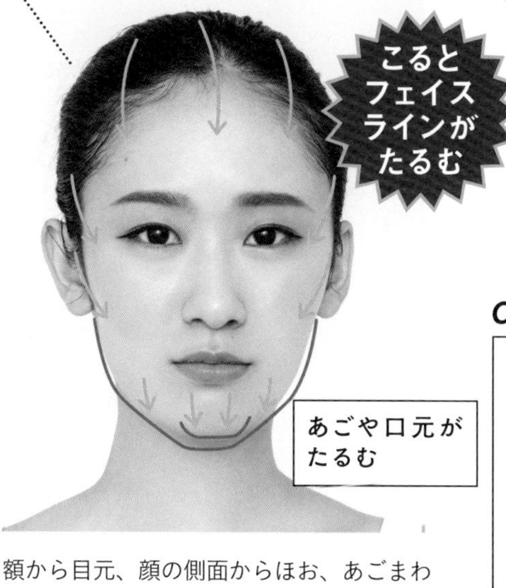

こるとフェイスラインがたるむ
あごや口元がたるむ

額から目元、顔の側面からほお、あごまわりが全体的に下がってたるみ、輪郭がぼやけ、顔が大きく。二重あごにもなりやすい。

Check !

こんな人は注意!

- ☑ 姿勢が悪く猫背になっている人
- ☑ スマホやPCを同じ姿勢で長時間使う人
- ☑ 首や肩のこりが強い人

村木式「頭ほぐし」ならたるみが10秒で引き上がる！

頭のこりを効果的に解消するには、村木式「頭ほぐし」がおすすめ。一般的なヘッドマッサージと異なるのは、筋肉に直接アプローチする点。筋肉の奥深くからほぐし、弾力を取り戻すことで、頭蓋骨のゆがみや、頭皮や顔のたるみを根本から解決。血液やリンパの滞りも解消するので、肌状態も向上。サロンでは、10秒ほどの施術でも、目に見えてリフトアップします。顔筋にアプローチする「顔ほぐし」を加えれば、さらに効果アップ。

理由 1

村木式「垂直もみ」で弾力が蘇るから

筋肉を
深くとらえる
細かく動かして
しっかりほぐす

村木式「頭ほぐし」は、指の腹で筋肉に垂直に圧をかけて深部からとらえ、細かく動かしてほぐします。頭皮の表層を引っぱったり、なでるような一般的なヘッドマッサージと違い、筋肉そのものの弾力を蘇らせることができるので、顔のたるみが根本から改善。

理由 2

頭とつながっている顔筋へのアプローチとセットで行うことで効果がアップ

顔

＋

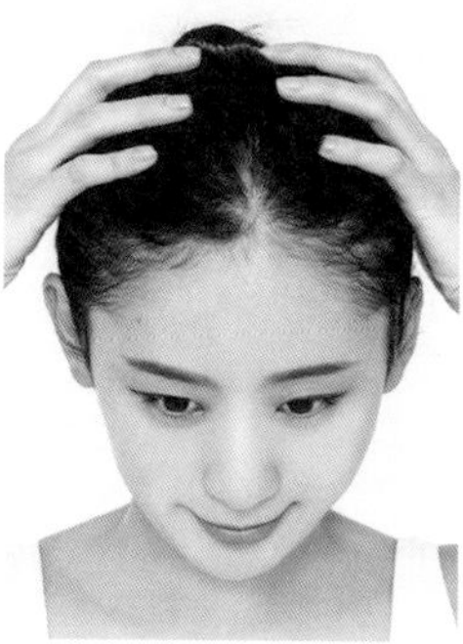

頭

「頭ほぐし」だけでも十分効果がありますが、さらに顔の「老け見えサイン」に直接アプローチする「顔ほぐし」を組み合わせると、効果がより早く実感でき、持続性も高まります。

「1回で帽子が1サイズ小さくなった」

「まぶたが引き上がって二重の幅が広く、目が大きくなった」

村木式「頭ほぐし」の驚きの効果!

村木式「頭ほぐし」は、「老け見えサイン」を根本からケアするメソッド。筋肉をほぐして骨格を整え、血液やリンパの流れをスムーズにするため、即効性があり、さらに全身にうれしい効果があらわれます。

サロンで施術を受けたお客さまからは、1回で顔が引き上がり、ひとまわり小顔になった、むくみがとれ頭まわりもサイズダ

「10秒で顔があきらかに引き上がる」

さらにこんな効果も！

「視力が0.5上がった」
「ポジティブ思考になった」
「ぐっすり眠れるようになった」

ウンした、とのお声をよくいただきます。熟睡できた、気持ちが明るくなったという方、続けて施術を受け、視力が劇的に改善したという方も。
コツを覚えれば簡単でどこでもできる村木式「頭ほぐし」、ぜひトライしてみてください。

村木式「頭ほぐし」を検証 1回で5歳若返った!!

ほおのたるみやフェイスラインのもたつきなど、「老け見えサイン」に悩む3人が、P20〜37の3種の「頭ほぐし」を実践。1回行っただけで、表情がイキイキと明るくなり、見た目年齢が若返りました。

Case 01

目鼻立ちがくっきりとし 顔色も明るくなった

Mさん
5人の子育てと仕事、家事に追われ、美容までは手がまわらない状態。あごのたるみと首のシワが悩み。

「頭をほぐすとすぐに体がポカポカ。顔まわりがすっきりする実感がありました」というMさん。悩みのあごのもたつきが改善され、首が長く見えるように。目もパッチリ。

Before

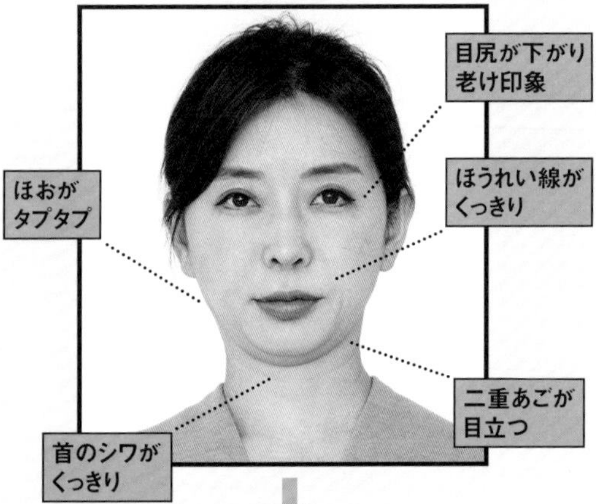

目尻が下がり
老け印象
ほおが
タプタプ
ほうれい線が
くっきり
二重あごが
目立つ
首のシワが
くっきり

After

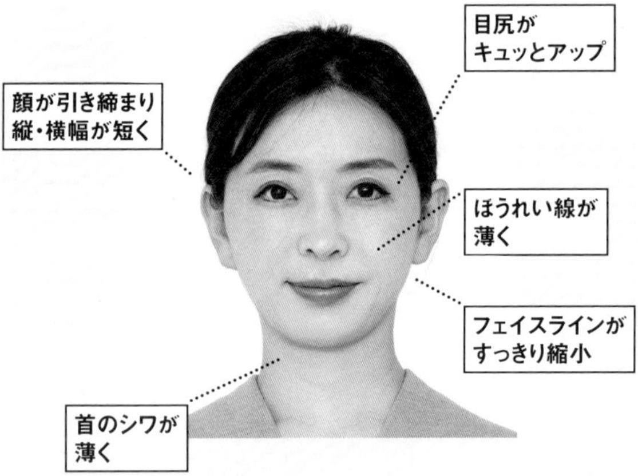

目尻が
キュッとアップ
顔が引き締まり
縦・横幅が短く
ほうれい線が
薄く
フェイスラインが
すっきり縮小
首のシワが
薄く

Case 02 ほおに張りが戻り 顔全体がリフトアップ!

Iさん
パソコンに向かう時間が長く目を酷使。ほおの張りがなくなり、顔が長くなってきたのが悩み。

「側頭部をほぐしたらほおが動くようになり自然と笑顔に」とIさん。フェイスラインがシャープになり、ほおが高くふっくら。目元もすっきり大きく。

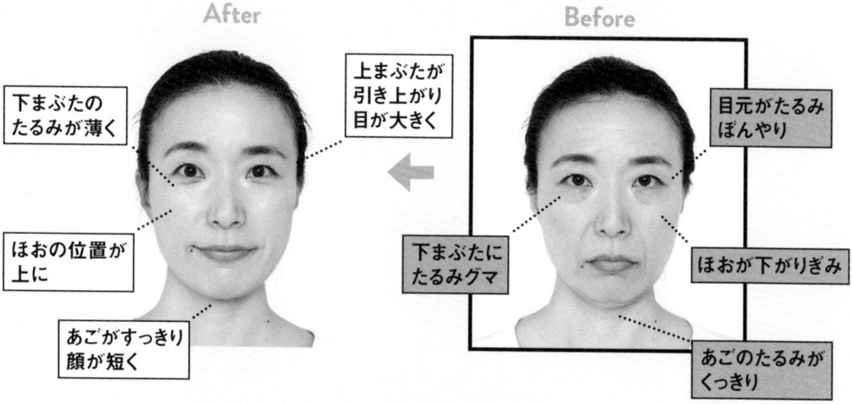
After
Before
下まぶたの
たるみが薄く
上まぶたが
引き上がり
目が大きく
ほおの位置が
上に
あごがすっきり
顔が短く
目元がたるみ
ぼんやり
下まぶたに
たるみグマ
ほおが下がりぎみ
あごのたるみが
くっきり

Case 03 への字口が改善され 均等のとれた明るい顔に

Fさん
デスクワークで1日座りっぱなしのため首・肩こりに。口角の下がりや、顔のゆがみが悩み。

「頭をほぐしただけで、口角が上がりやすく、ほうれい線が薄くなってびっくり」というFさん。顔のゆがみやあごのたるみもなめらかに。

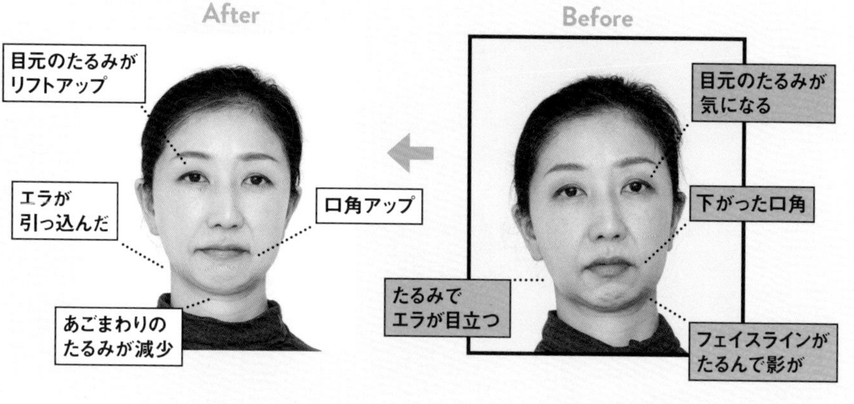
After
Before
目元のたるみが
リフトアップ
エラが
引っ込んだ
口角アップ
あごまわりの
たるみが減少
目元のたるみが
気になる
下がった口角
たるみで
エラが目立つ
フェイスラインが
たるんで影が

＼ 村木式『頭ほぐし』で ／

3大たるみ

ほうれい線・上まぶた・フェイスラインを10秒で引き上げる!

見た目年齢を老けさせてしまう３大たるみを、毎日の「頭ほぐし」で撃退。「顔ほぐし」も加えれば、見た目−10歳もかないます。

効かせる手技3つのルール

骨をほぐし、頭皮を耕すイメージで！

1 指の腹を使う

指の先端ではなく、指の腹を使うのがコツ。しっかり圧がかけやすく、皮膚も傷つきません。

2 指は垂直に入れ筋肉を深くとらえる

筋肉に垂直に圧をかけ、深層部からほぐします。皮膚ではなく骨をとらえるイメージで。

3 1〜2㎜細かくゆっくりと動かす

垂直に圧をかけたら指の位置は変えず、細かくゆっくりもみほぐします。頭蓋骨にこびりついている筋肉をはがすイメージで。指をさっとすべらせながら圧をかけるのではないので注意！

NG！

×皮膚に指をすべらせる
×強く筋肉や皮膚を引っぱる
×爪を立てる

3大たるみ 1

ほおのたるみ（ほうれい線）

実年齢よりも老けて見える、にっくきほおのたるみ。ほおの肉がたれ下がってできた溝がほうれい線になります。側頭筋のこりをほぐすことで、ほおを引き上げる力を取り戻すのが早道です。

ほおがたるむ仕組み

側頭筋がこる

P22-23で解消

↓

あごが動かなくなり口角が下がる

P24で解消

ほおが上がらなくなる

P25で解消

↓

ほお全体が下に引っぱられる

↓

ほお肉のきわに折り目がつき
ほうれい線になる

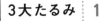

ほうれい線ができる大きな要因は、耳の上あたりにある側頭筋のこり。目の疲れ、奥歯の食いしばりグセ、ストレスなどによって側頭筋がこると、ほおがたるみ、口元との境に折りジワ＝ほうれい線がくっきり。

側頭筋はほおやあごの筋肉とつながっているので、こりかたまると顔を引き上げる力が弱くなり、ほおが徐々に下がってしまいます。あごとも連動しているので口が開けづらくなり、口角が下がりへの字口に。

まずは顔を引き上げる側頭筋のこりをほぐし、弾力を戻すことが急務。あわせてリンパの滞りを解消し、引き締めましょう。

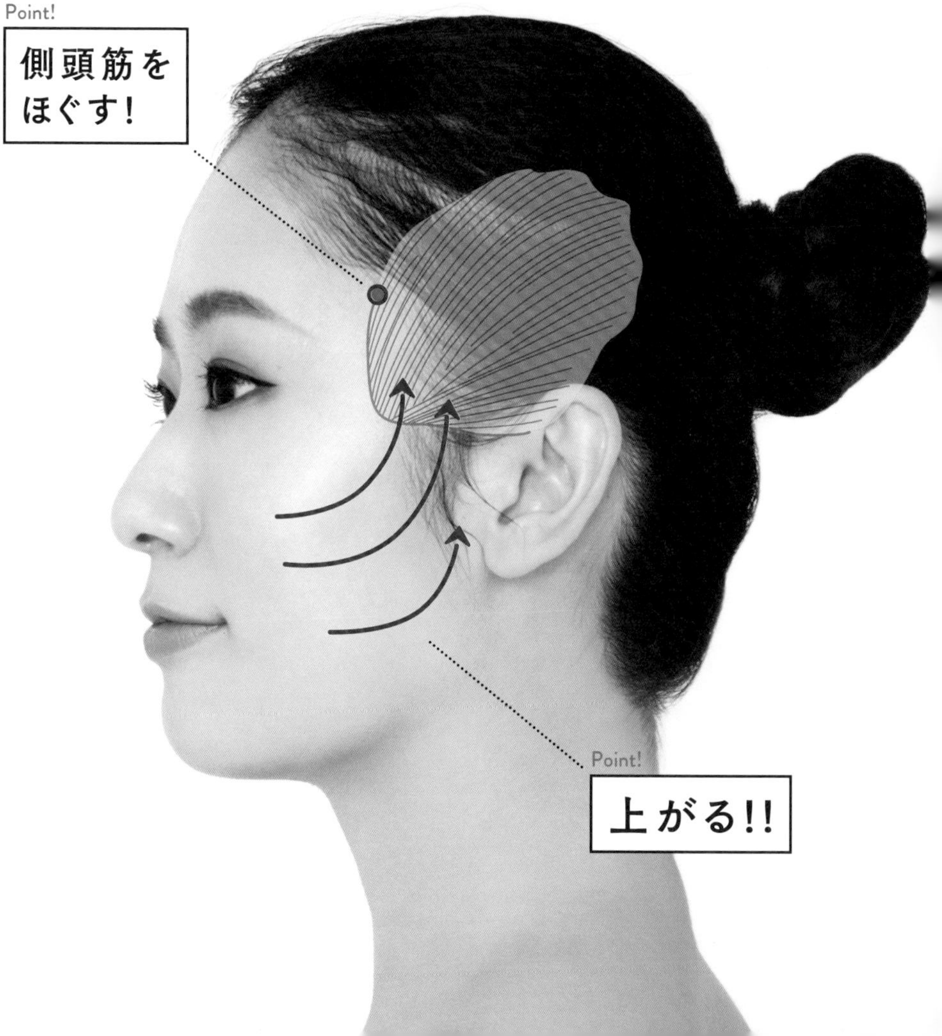
Point!
側頭筋をほぐす!
Point!
上がる!!

ほおのたるみ（ほうれい線）を頭ほぐしで解消

側頭筋の弾力を取り戻し引き上げ力をアップ

耳の上に広がる側頭筋は、ほおを引き上げる大事な筋肉。緊張をゆるめて、弾力を取り戻して。

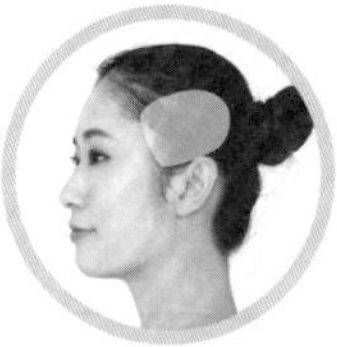

Point!
こめかみ上の
骨に引っかける

1 親指をこめかみに置き、残りの指で後頭部をつかむ

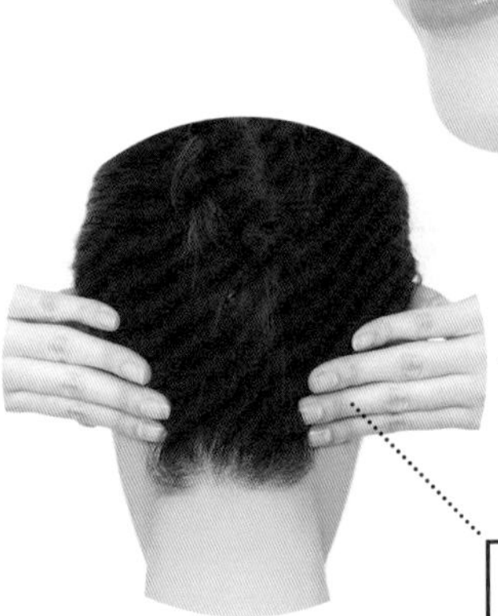

Point!
後頭部に
指を固定

親指をこめかみのへこんだ部分に引っかけ、手首を返して残りの指を後頭部に固定。両手で頭の下部をはさみ、親指に力を入れグッと頭を持ち上げるように引っぱる。

2 「あむあむ」と言いながら口を大きく動かす

親指で頭を斜め上にグッと引っぱったまま、「あむあむ」と大きく口を開閉。真っすぐ前を向いたまま行いましょう。

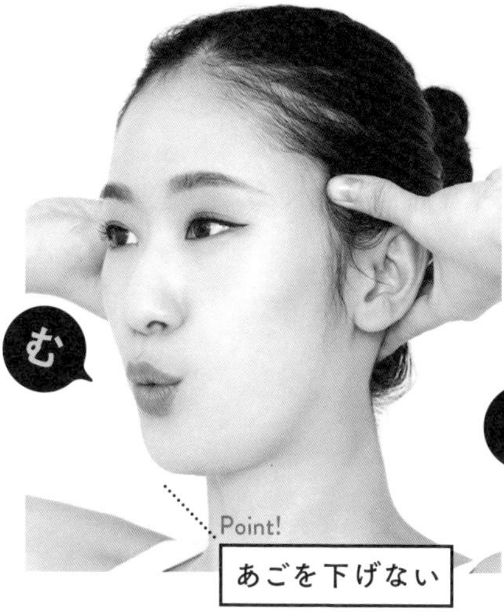
む
Point!
あごを下げない

Point!
斜め上に持ち上げる
あ
Point!
口を大きく開ける

3 親指の位置を5カ所替える

5カ所×10秒

親指の位置を写真の5カ所に替えていき、1～2を同様に行う。あごを動かしたときに親指で筋肉の動きを感じるようにしましょう。

ほおのたるみ（ほうれい線）をさらに引き上げ

耳の前後をV字にさすりリンパの流れをよくする

耳まわりもほぐす

耳にはリンパ節が集中。流れが悪くなるとむくみの原因に。ほおやあごの緊張につながるのでケアを。

1 耳の前に指2本を置く

耳の前、もみあげあたりに人さし指と中指を置く。リンパを流す場合は圧を強くかけず、筋肉の弾力を感じる程度で大丈夫。

Point!
力を入れすぎない

V字を10回

2 耳の前後をV字にほぐす

耳の前から後ろへ、Vの字を描くように指を動かし、リンパの滞りを流す。むくみもとれて顔がすっきりする。

Point!
Vの字に動かす

顔ほぐしもプラス

ほお骨の中央を持ち上げ ほおをリフトアップ

あごの動きが悪くなると、ほおが下に引っぱられます。ほお骨の位置も下がるので、圧をかけて持ち上げて。

1 手のひらのつけ根を ほお骨の下にあてる

テーブルにひじをつき、手のひらのつけ根を小鼻わきからほお骨に沿わせるようにあてる。

Point!

ひじをつく

Point!

目線は真っすぐ前に

2 ほお骨の 内側を 押し上げる

正面を向いたままほお骨を押し上げるようにじんわりと圧をかける。奥歯を食いしばらないように注意。

Point!

ほおの内側を持ち上げる

10秒

3大たるみ 2

上まぶたのたるみ

アイラインが描きにくくなった、目が小さくぼんやりしてきたと感じたら、上まぶたのたるみサイン。まぶたにつながる前頭筋の緊張が原因。頭頂部の帽状腱膜からこりをほぐし、元気な目元に。

上まぶたがたるむ仕組み

前頭筋・帽状腱膜がこる

P28-30で解消

↓

眉を動かす筋肉が動かなくなる

P31で解消

まぶたを上げる筋肉が動かなくなる

P31で解消

↓

上まぶたの筋肉が衰える

↓

上まぶたがたるむ・目尻にシワができる・目が小さく見える・二重幅が狭くなる

上まぶたがたるんで開けづらくなるのは、額と頭をつなぐ前頭筋の緊張が大きな原因。スマホやＰＣの使いすぎ、ストレスなどで前頭筋がこると、目のまわりの筋肉が動きにくくなり、上まぶたがたるんだり、まぶたや目尻にシワができるのです。さらに、上まぶたがかぶさることで二重幅が狭くなったり、目が小さく見え、目元がぼんやり老けた印象に。

前頭筋は頭頂部の帽状腱膜ともつながっています。筋肉がなく、血行不良になりやすいのでしっかりケアを。さらに、目まわりの眼輪筋《がんりんきん》や皺眉筋《しゅうびきん》もほぐし、まぶたをすっきりぱっちりと。

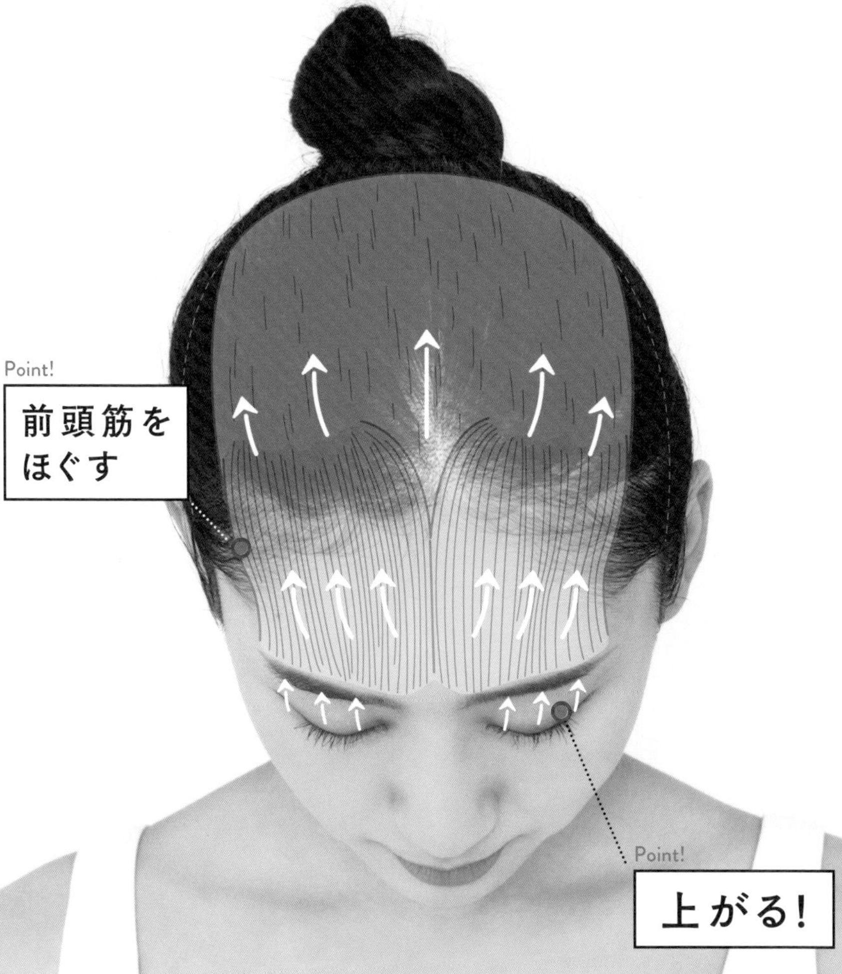
Point!
前頭筋を
ほぐす
Point!
上がる!

上まぶたのたるみを頭ほぐしで解消

生え際の緊張をゆるめ引き上げる力を蘇らせる

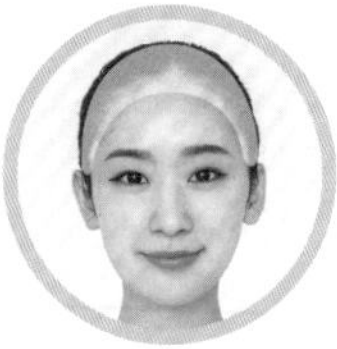

帽状腱膜と前頭筋がつながる部分はこりが強く出る場所。ちょうど生え際のあたりです。こぶしでしっかりと圧をかけて、ほぐしましょう。

Point!
1〜2㎜
細かく動かす
Point!
口をぽかんと
開ける

1

生え際にこぶしをあて細かくグリグリする

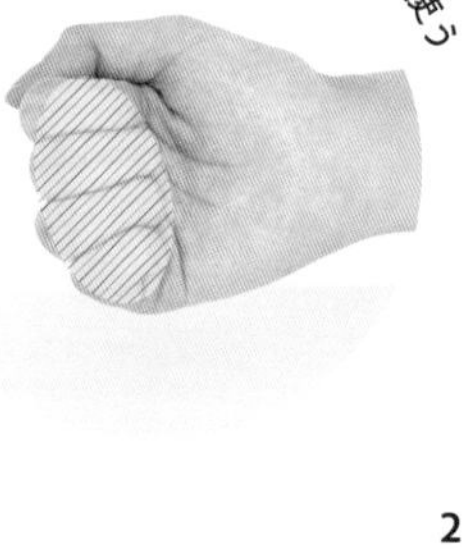

ここを使う

こぶしをつくり、平らな面を生え際にあてる。キュッと皮膚を持ち上げてから小さく円を描いてほぐすのがコツ。食いしばらないよう口を半開きにして行う。

2 少しずつ移動しながらこめかみまで

1カ所につき5回ほど、小さな円を描きグリグリと刺激を与える。頭蓋骨から筋肉をはがすイメージでほぐして。こめかみまでまんべんなく行いましょう。

Point!
筋肉を深く
とらえながら

Point!
生え際に沿って

10
秒

上まぶたのたるみをさらに引き上げ

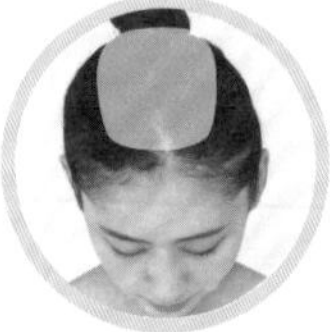

帽状腱膜をほぐし額の動きをよくする

頭頂部を覆う帽状腱膜をほぐすと、前頭筋～額の動きがよくなり、まぶたを引き上げる筋肉の力も復活。

頭ほぐしをさらにプラス

10秒

Point!
指を1～2㎜細かく動かす

Point!
生え際から後頭部へ

指の腹で細かくほぐす

指を広げて頭頂部に置き、後頭部に向かって指の腹を小さく動かし、頭皮を耕すようにほぐす。中央から耳に向かって、少しずつ移動しながら全体をほぐして。

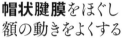

顔ほぐしもプラス

眉のまわりの筋肉の
こりをほぐす

目を開ける筋肉を自重でケア。目を囲む眼輪筋、目の奥の眼瞼挙筋《がんけんきょきん》、眉間の皺眉筋をほぐし、弾力アップ。

ここを使う

うん
うん
いや
いや
Point!
あごを引く
Point!
ひじをつく

Point!
3カ所移動

人さし指を曲げて
眉にあて「うんうん」
「いやいや」と首を振る

テーブルにひじをつき、両手の人さし指を眉頭にあて、頭の重みで圧をかける。「うんうん」と縦に、「いやいや」と横に首を小さく振り刺激を与える。眉の中心、眉尻と位置をずらし、同様に行う。

3カ所
×
5回

3大たるみ　3

フェイスラインのたるみ

フェイスラインがもたついたり、二重あごになるのは、後頭部の筋肉が収縮し、顔を後ろから引き上げられなくなったのが原因。後頭部を中心にこりをもみほぐし、シャープな輪郭を取り戻して。

フェイスラインがたるむ仕組み

後頭筋がこる

P34-35で解消

↓

あごが動かなくなる

P36で解消

↓

リンパがつまる、あご下に肉がつく

P37で解消

↓

後ろから頭を引き上げる力が弱くなる

P36で解消

↓

顔全体が下がる

↓

輪郭がゆるんだり二重あごになる！

近年、若い人にも二重あごが増えています。スマホチェックやデスクワークで、首を前につき出した猫背の状態で長時間過ごすことが増えたのが原因。前傾姿勢が続くと頭の後ろが引っぱられてカチコチに。後ろから顔を引き上げることができなくなり、顔全体がたるんでしまうのです。

あごを引いたうつ向き姿勢で固定されても、リンパがつまってむくんだり、あごが動かず肉がついてたるみ、二重あごに。

後頭部をほぐして顔全体を引き上げる力を取り戻し、たるみを改善しましょう。フェイスラインのリンパケアも習慣に。

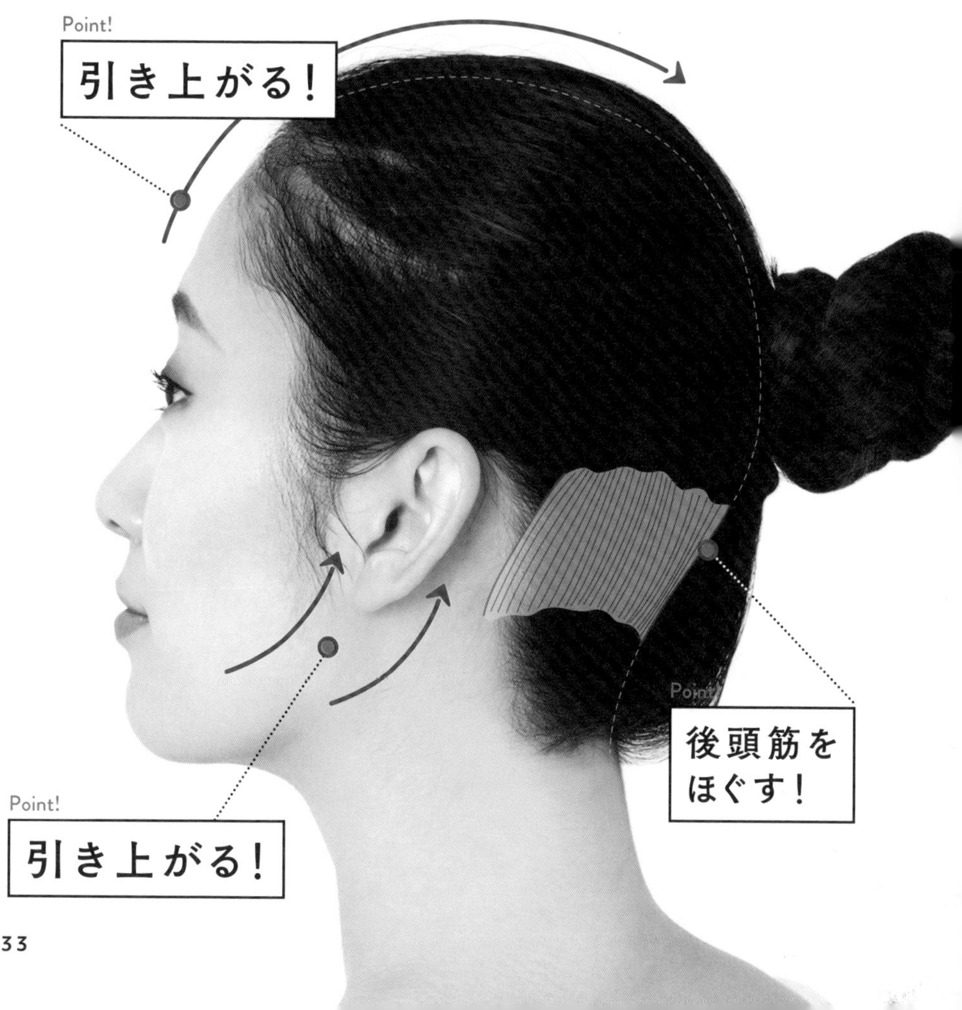
Point!
引き上がる！
Point!
後頭筋をほぐす！
Point!
引き上がる！

フェイスラインのたるみを頭ほぐしで解消

後頭筋～首のこりをほぐしてリフトアップ

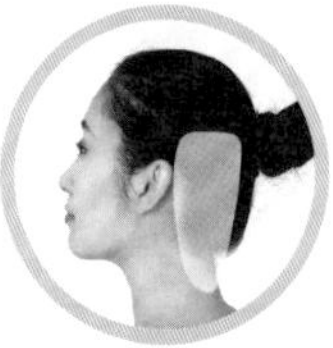

姿勢の悪さや目の疲れからくる後頭部のこりが、フェイスラインのたるみの深刻な原因に。首にかけての筋肉をほぐし、背面から顔を引き上げて。

Point!

細かく動かす

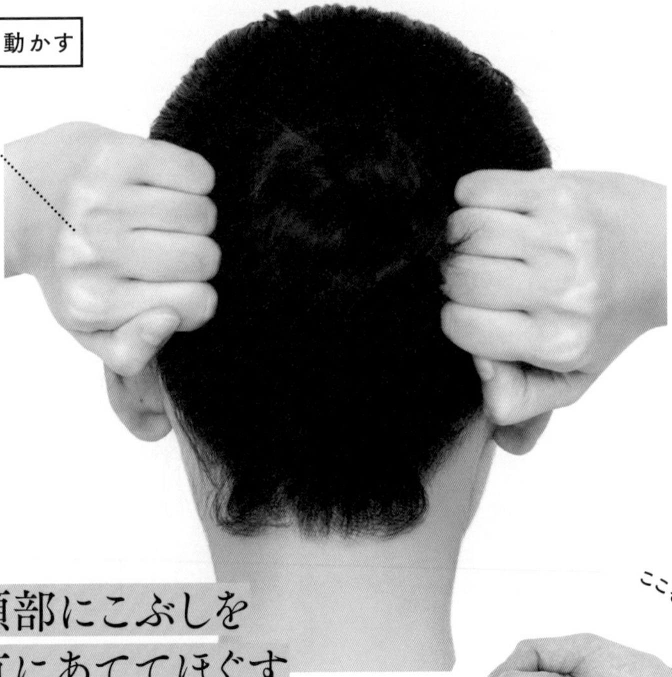

1

後頭部にこぶしを垂直にあててほぐす

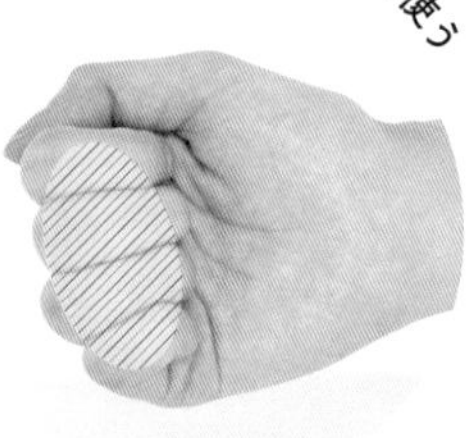

こぶしの平らな面を耳の後ろにあてる。頭蓋骨を感じるくらい圧をかけ、小刻みに動かしながら、上から下へ向かって1～2㎜筋肉のこりをほぐす。

2 下に移動し頭のつけ根までほぐす

位置をずらしながら後頭部をまんべんなくほぐす。頭と首の境はこりが強くなりやすい場所なのでていねいに。首と肩のこりもケアすれば、背面からの引き上げ効果がアップ。

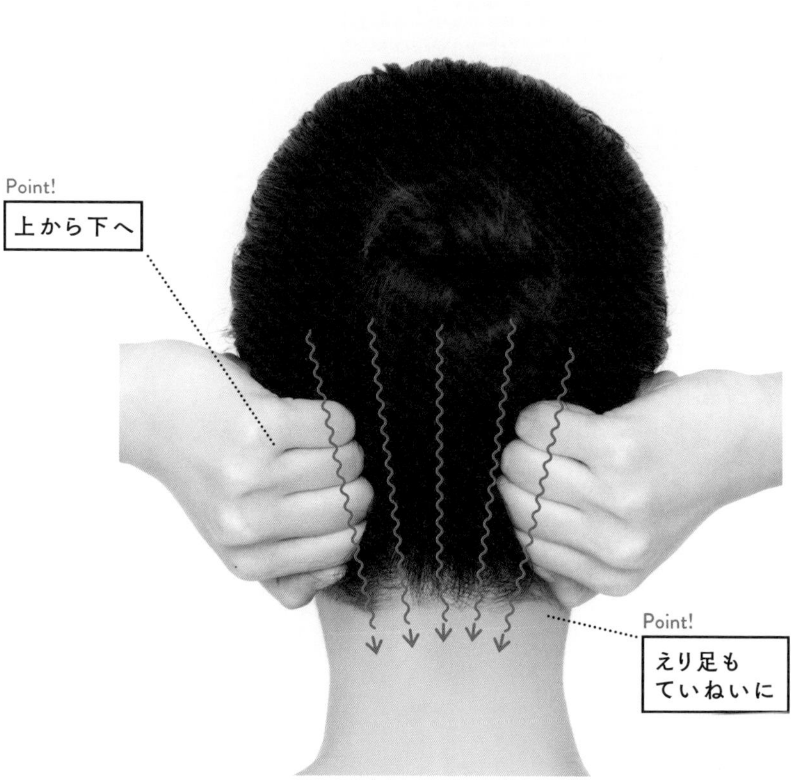
Point!
上から下へ
Point!
えり足も
ていねいに

10
秒

フェイスラインのたるみをさらに引き上げ

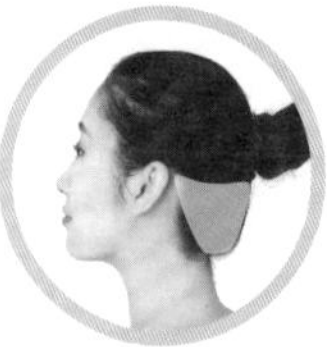

後頭部から上あごを動かす訓練をする

後頭部がかたくなることで、上あごの動きが悪くなり、下あごに頼りきりに。使えていない筋肉にカツを！

さらに頭ほぐしをプラス

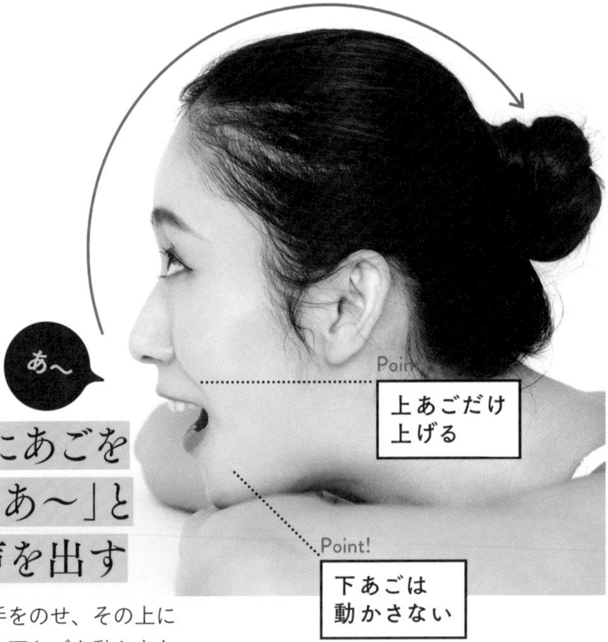

あ〜
Point!
上あごだけ上げる
Point!
下あごは動かさない

手の上にあごを固定し「あ〜」と大きな声を出す

テーブルに両手をのせ、その上に下あごを置く。下あごを動かさないように大きく口を開け、「あ〜」と5秒声を出す。後頭部から上あごを持ち上げるイメージで行って。

5秒×5回

顔ほぐしもプラス

フェイスラインをオイルマッサージ

前傾姿勢であごを引いた状態が続くと、首のリンパの流れが悪くなり、むくみやゆるみの原因に。リンパを押し流すマッサージですっきり！

ここを使う

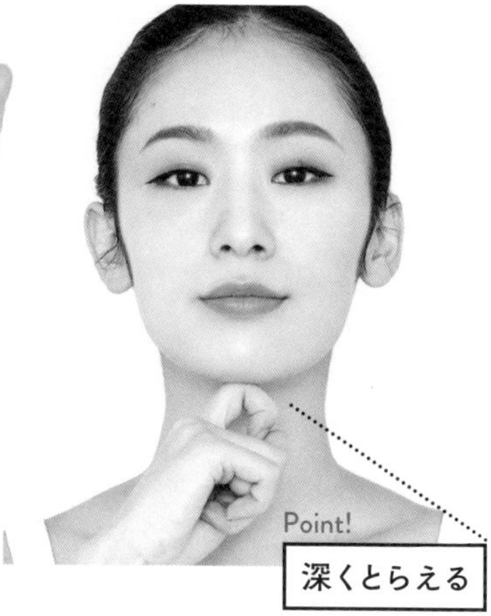
Point!
深くとらえる

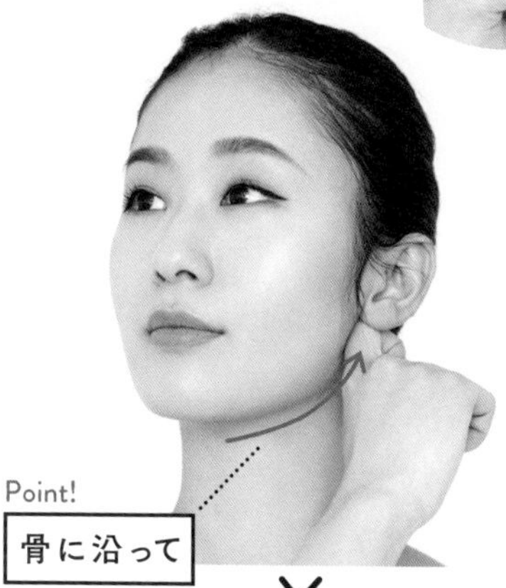
Point!
骨に沿って

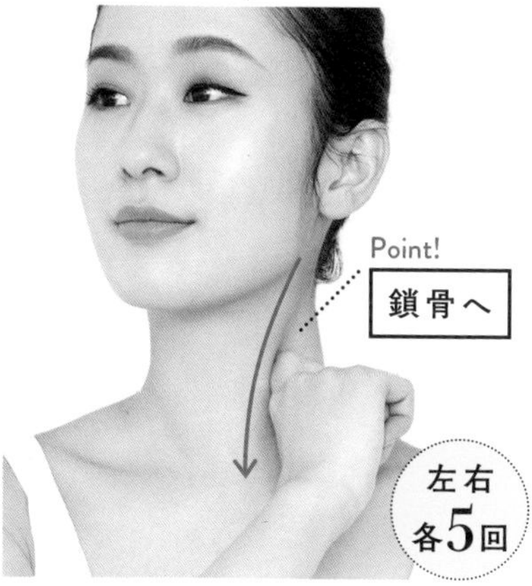
Point!
鎖骨へ
左右
各5回

指を曲げてあごの中心から耳下、鎖骨までをマッサージ

すべりをよくするためにマッサージオイルをフェイスラインと首に塗る。人さし指を曲げてあごの中心にあて、骨のきわに沿って耳下まですべらせる。さらに首筋に沿って鎖骨まで老廃物を流す。左のケアには右手を、右のケアには左手を使う。

頭ほぐしの前にプラス

「耳まわし」で効果アップ!

耳のまわりには、頭や顔につながる筋肉が集まっています。ここをほぐすと、一気に血行が改善し、「頭ほぐし」や「顔ほぐし」の効果が上がります。「頭ほぐし」の前にプラスするのがおすすめ。

耳を手のひらで覆い 圧をかけながらまわす

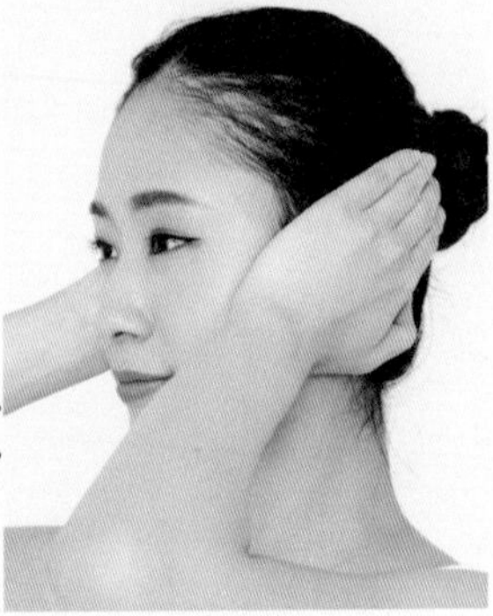

ほお、耳、側頭部を手のひらで覆い、引き上げるように後ろ側へまわす。耳まわりはリンパ節も多いので刺激を与えることで流れもよくなり、むくむもすっきり。

10秒

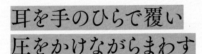

PART 2

＼ 村木式 ／

「頭ほぐし」+「顔ほぐし」で 顔の「老け見えサイン」を解消

目の下のたるみや目尻のシワ、ほおのこけ、首のシワ……年齢とともに増える、老けて見えるサインも、ピンポイントで効く「頭ほぐし」で劇的に改善。「顔ほぐし」も加え、ピンと上向きで、昔より若々しい顔に。

もう年だからとあきらめていた顔の「老け見えサイン」も頭をほぐせば改善

ＰＡＲＴ２では、気になる顔の「老け見えサイン」をケアする方法をご紹介します。ＰＡＲＴ１の３大たるみケアは、みなさんに毎日続けていただきたいですが、ＰＡＲＴ２は、ご自身が今気になっている「老け見えサイン」をピックアップして行ってください。

下まぶたのたるみや目尻・額のシワ、口角の下がりなど、見た目年齢をぐぐっと引き上げてしまう「老け見えサイン」。ＰＡＲＴ１でケアした「３大たるみ」と同様、頭のこりも大きな原因になっています。筋肉のメカニズムを理解しながら頭をほぐすことで、表面的・一時的なコンディションの改善にとどまらない、根本からのリフトアップが可能です。今までのスキンケアやフェイスケアに限界を感じたら、ぜひ「頭ほぐし」にトライしてみてください。お悩みがピンポイントで改善されるだけでなく、顔全体のバランスや肌の調子も整い、表情も明るくなってくることでしょう。

スキンケアのついでに、お風呂のついでにできる、時間も手間もかからないものばかりです。「頭ほぐし」だけでも効果がありますが、「顔ほぐし」も加えれば、さらに効果がアップします。

下まぶたのたるみ

縮んだ**側頭筋**をほぐし
目まわりの血流をアップ

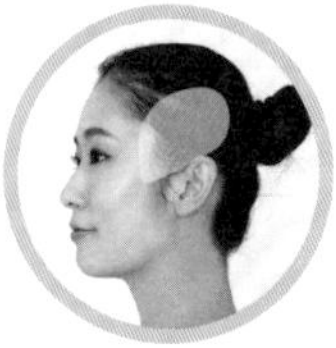

側頭筋がこると目のまわりの筋肉がキュッと縮み血流が悪くなります。ほおの張りもなくなり、連動している眼輪筋が下に引っぱられて、たるみの原因に。

1

こめかみに
こぶしをあてる

ここを使う

こぶしをつくり、第一関節と第二関節の間の平らな面で、こめかみの上あたりをはさみ込むようにおさえる。縦に走る側頭筋に対し垂直にこぶしをあてるのがポイント。

2 細かく動かし グリグリする

側頭筋が下がらないよう正面を向いたまま、生え際から耳後ろまで、上下に小さくジグザグに動かすようにほぐす。奥歯は食いしばらないようにする。

10秒

Point!

骨を感じながら細かく動かす

Point!

生え際から耳後ろまで

下まぶたのたるみ

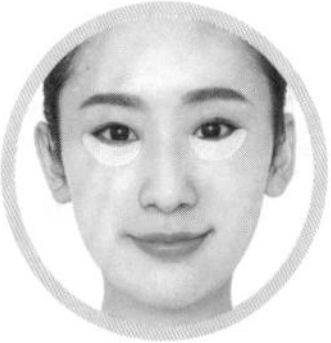

使わずにゆるんだ
下まぶたを筋トレ

目を開け閉めするとき、下まぶたを使えていない人がほとんど。眼輪筋が衰えてゆるんでいるので、下まぶたの筋肉をピンポイントで鍛えます。

顔ほぐしもプラス

1

人さし指で目頭と目尻を押さえる

片目ずつ行う。両手の人さし指で目頭と目尻を押さえ、下まぶたの筋肉を意識する。ギュッと押さえないこと。

2 上まぶたは動かさず下まぶただけを閉じる

目の両端をおさえたまま視線だけ上を見て、下まぶただけを閉じる。まぶしい光を見たときのような目にするのがコツ。反対側も同様に。

Point!
「まぶしい目」にする
Point!
下まぶただけを閉じる

片目
10回

目尻のシワ

かたくなった**眼輪筋**を ツボ刺激でほぐす

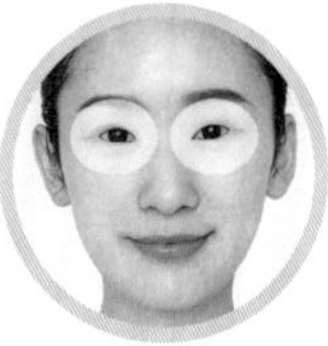

目を酷使すると眼輪筋がかたく縮み、その上の皮膚がたるんでシワに。疲れ目に効くツボ「太陽」のまわりを刺激し、筋肉の弾力を戻しハリを高めて。

Point!
つり目になるよう
引っかける

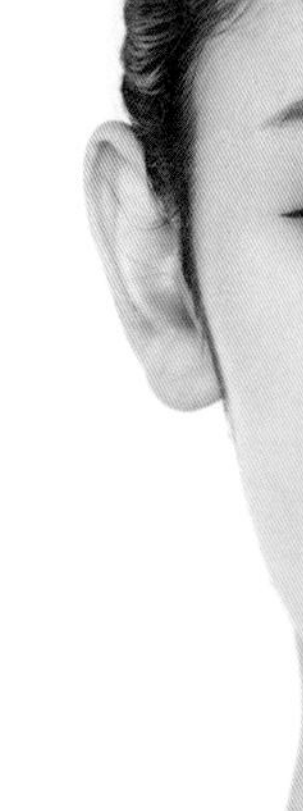
ここを使う

1 人さし指を曲げ、こめかみに引っかけるようにあてる

眉尻と目尻の延長線上にあるこめかみのくぼみに、曲げた人さし指をあてる。平らな面を使えば肌を傷つけず深くまで圧をかけられる。

2 頭を傾け、圧をかけながら引き上げる

キュッと皮膚を引き上げたまま頭を傾け、
頭の重みで圧をかける。生え際に向かって
少しずつ移動しながら行うとより効果的。
反対側も同様に行って。

左右
各10秒

Point!
頭を傾ける
Point!
皮膚を引き上げる

目尻のシワ

顔ほぐしもプラス

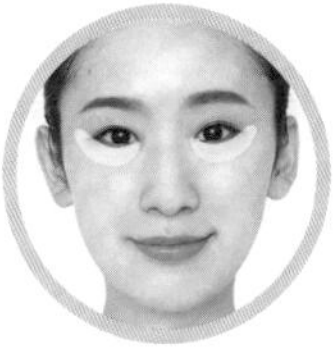

目の疲れをとるツボ・瞳《どう》子《し》髎《りょう》をほぐす

眼精疲労は目のまわりの血流を悪くし、筋肉のこりを招きます。スマホやパソコンで酷使した目は、ツボをほぐしでスッキリとさせましょう。

1

目尻の少し外側にあるくぼみに中指をあてる

疲れ目、目尻のシワの改善につながる瞳子髎。目尻から約1cm外側にあるくぼみに中指の腹をあてる。

2 少し引き上げるように しながらプッシュ

ツボをとらえたら、斜め上に引き上げゆっくりと圧をかける。5秒かけて押し、5秒かけてはなす。呼吸は止めないで。

10 秒

額のシワ

かたくなった**前頭筋**を頭の重みを利用してほぐす

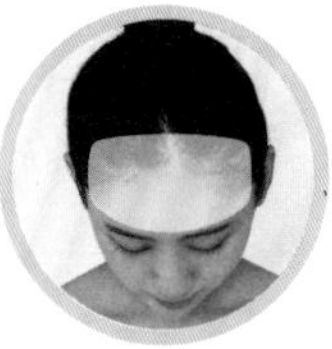

考えごとや心配ごとが多いとこりやすい前頭筋。筋肉がかたくなると皮膚がゆるんでシワに。ていねいに前頭筋をほぐして弾力を蘇らせます。

Point!

ひじをつく

1

額にこぶしをあて、ひじをテーブルにつく

手を軽く握りこぶしをつくったら、眉頭の上に小指がくるようにあてる。両ひじをテーブルにつき、こぶしに寄りかかり、圧をかける。

2 こぶしを小さく動かしながら額全体をほぐす

クルクルと小さな円を描くようにもみほぐす。少しずつ外側に位置をずらしながらこめかみまで4〜5カ所行う。額の真ん中、生え際も同様に中心から外へほぐす。

4~5カ所
×
5回
×
3セット

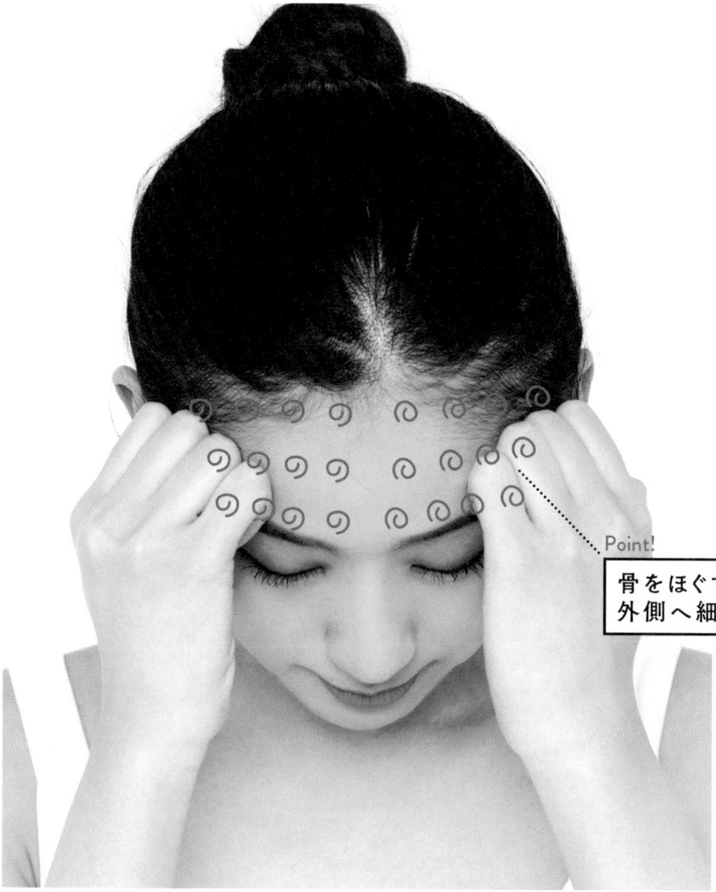

Point!
骨をほぐすように
外側へ細かくほぐす

額のシワ

まぶたの筋肉を鍛え 目ヂカラもアップ

顔ほぐしもプラス

目を開けるとき、上まぶたの筋肉を使わず、額の筋肉を使うことが額にシワをつくる原因に。まぶたの筋肉だけで目を開けるトレーニングを。

1

手で額を押さえる

額や眉の筋肉が動かないように手で押さえる。額の筋肉を使って目を開けることが習慣になると、額に大小の横ジワができ、定着してしまうので注意。

2 額を動かさず上まぶたを引き上げ、目を開ける

額の筋肉が動かないようにしっかりと手でおさえたまま、上まぶたの力だけで目を開ける。ゆっくりと10回、開閉を繰り返す。顔が上がらないよう鏡で確認しながら行う。

10回

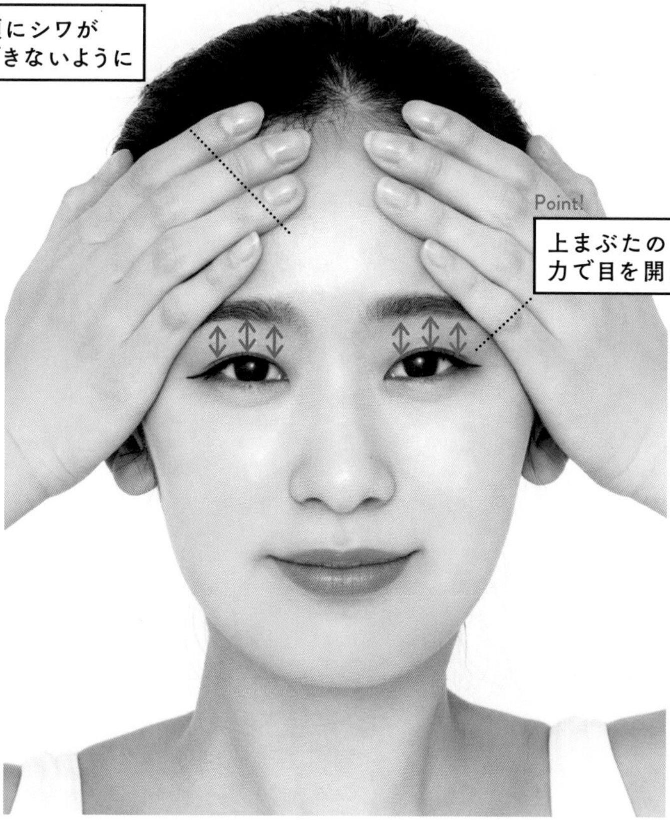
Point!
額にシワができないように
Point!
上まぶたの力で目を開閉

眉間のシワ

耳まわりの筋肉をほぐして血流をアップ

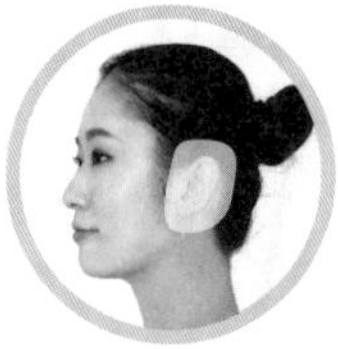

側頭部～耳まわりがこると目のまわりの血流が悪くなり、眉の筋肉も緊張します。頭と顔につながる耳の筋肉を刺激し、効率よく血流を促進。

Point!
力を入れ
すぎない
Point!
横にスライド

1

人さし指で耳の上を横方向にさすってほぐす

耳介筋《じかいきん》という耳を動かす筋肉があり、知らず知らずのうちに緊張しているので、さすってほぐす。上耳介筋は縦方向に走っているので、指でやさしく横にさすり緊張をやわらげる。

2

耳の前を縦方向にさすってほぐす

耳の前にある前耳介筋は横方向に走っているので、縦に上から下へなでてほぐす。耳の前にはリンパ節もあり、刺激することでめぐりがよくなる。

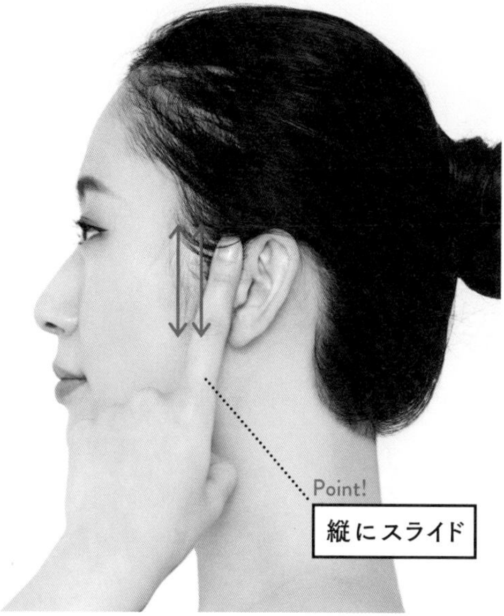
Point!
縦にスライド

3

耳の後ろを縦方向にさすってほぐす

後耳介筋も横方向についているので、上から下へ縦にやさしくなでて緊張をほぐす。後ろにもリンパ節があるので滞りもすっきり。

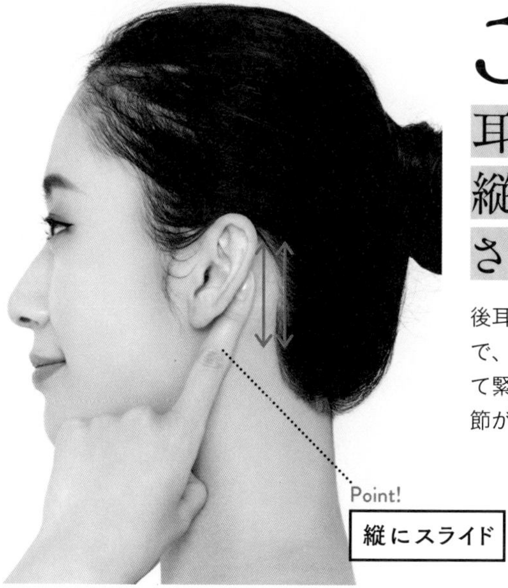
Point!
縦にスライド

各
10秒

眉間のシワ

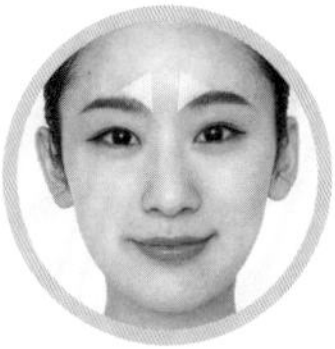

シワを寄せてしまう
眉の筋肉をマッサージ

眉の上にある皺《しゅう》眉《び》筋《きん》は、しかめっ面をするときに使う筋肉。緊張してこるとよりシワが深くなるので、ゆるめてあげましょう。

顔ほぐしもプラス

3カ所
×
上・外
各10回

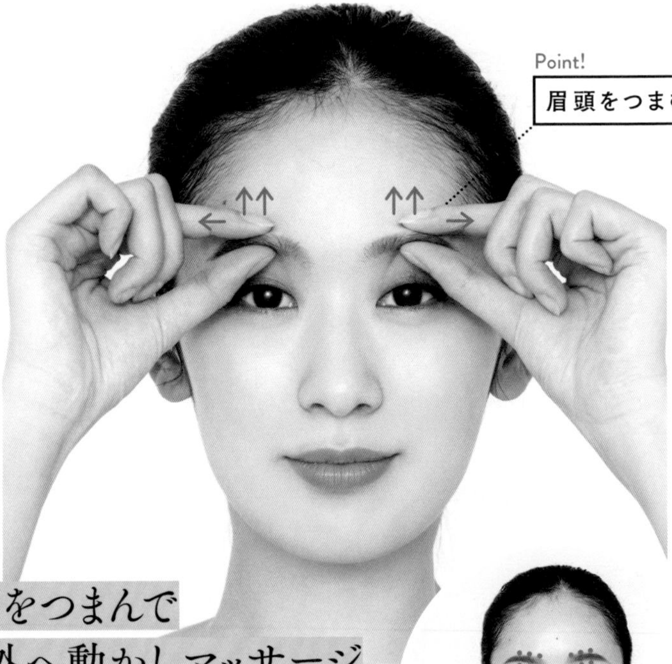

Point!
眉頭をつまむ

1

眉頭をつまんで上・外へ動かしマッサージ

眉毛の眉間寄りの上部にある皺眉筋を人さし指と親指でつまむ。眉の奥にある骨も一緒につかむくらいの意識で、上に持ち上げるように縦に10回動かす。さらに外に向かって横に10回。眉山まで3カ所行う。

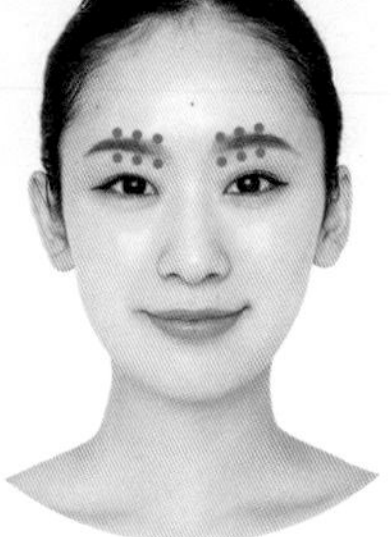

2 眉をつまんで円を描くようにまわす

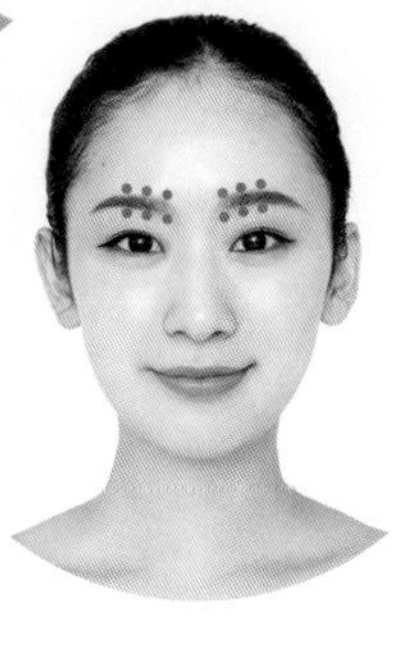

人さし指と親指で眉頭の皺眉筋をしっかりつまんだまま、円を描くように動かしてほぐす。外まわし10回、内まわし10回。位置をずらして眉山まで3カ所行う。

3カ所
×
上・外
各10回

ほおのこけ

ハチの緊張をほぐして ほお骨の広がりを防ぐ

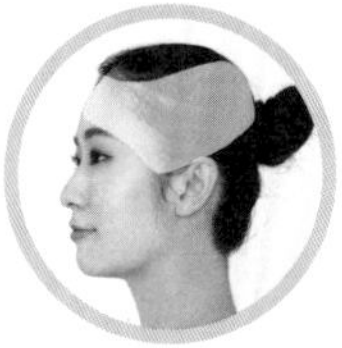

側頭部のこりからハチが張り、連動してほお骨も外に広がることで、ほおにくぼみができてしまいます。側頭筋の緊張をゆるめることが大切です。

10秒

1

こぶしで側頭筋をもみほぐす

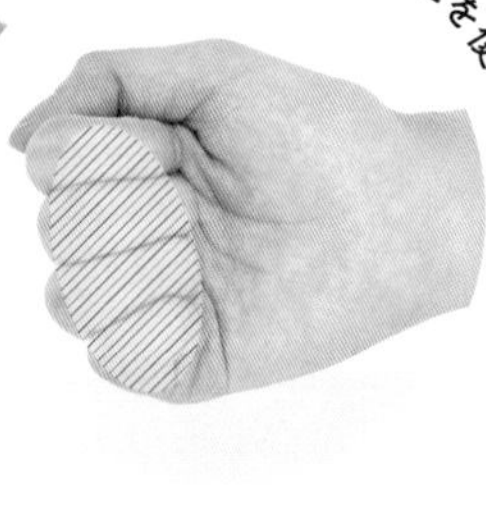

手を軽く握り、平らな面を側頭部にあて、生え際から耳後ろまでほぐす。骨から筋肉をはがすようなイメージで小さく動かして。

2 ハチを重点的に こぶしでしっかりとほぐす

頭頂部の帽状腱膜と側頭筋の付着部にあたるハチは特にこりやすい場所。こぶしの平らな面をあて、小刻みに動かしながらほぐす。痛気持ちいいくらいの圧で。

20秒

Point!

細かくほぐしながら圧をかける

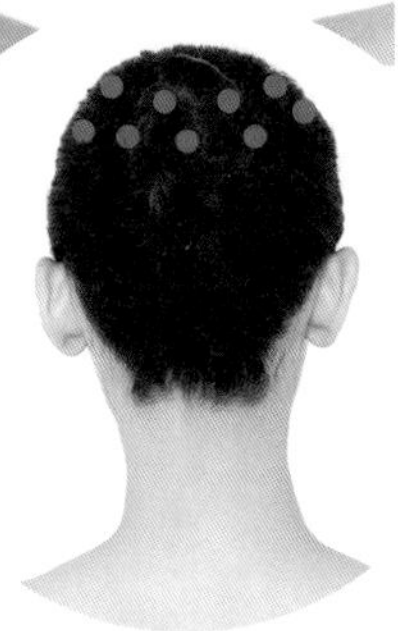

ほおのこけ

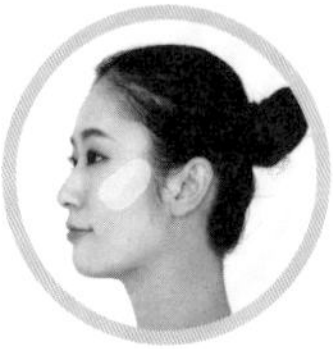

外に張り出した
ほお骨を押し込む

側頭筋がかたく縮まると、ほお骨が引っぱられ外へ広がります。さらにほおの下に影ができ、こけた印象に。手で圧をかけ、筋肉の緊張をゆるめながらほお骨の位置を矯正。

顔ほぐしもプラス

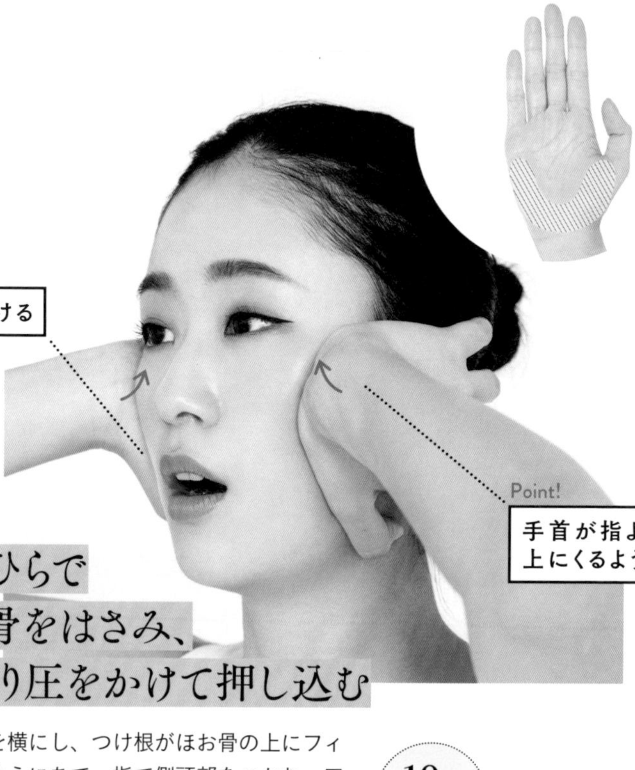
ここを使う
Point!
口を開ける
Point!
手首が指より上にくるように

手のひらで
ほお骨をはさみ、
ゆっくり圧をかけて押し込む

手のひらを横にし、つけ根がほお骨の上にフィットするようにあて、指で側頭部をつかむ。口をぽかんと開け、手のひらでゆっくりとほお骨を顔の内部に押し込むよう圧をかける。

10秒×3回

顔ほぐしをさらにプラス

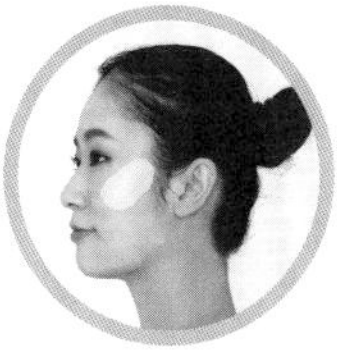

体重を利用して**ほお骨の位置**を矯正

右ページと同様のほお骨を押し込む動きを、自重を使って行う。顔の内部に押し込むイメージで。

Point!
体重をかける
Point!
押し込む

テーブルにひじをついて頭の重さを利用して押し込んでも

手のひらを横にして、手のひらのつけ根をほお骨の上にあて、テーブルにひじをつく。ほおづえをつくようなイメージ。頭の重みで圧をかけ、ほお骨の張りを中に押し込む。口は半開きに。

左右各10秒×3回

口角の下がり

頭からつながる
胸《きょう》鎖《さ》乳《にゅう》突《とつ》筋《きん》をほぐす

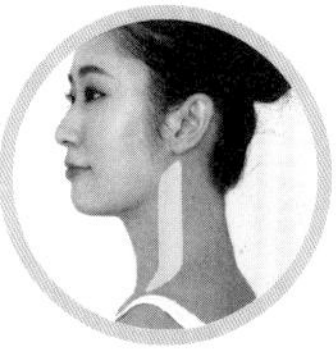

食いしばりや前傾姿勢による首のこりが、口角を上げる筋肉の動きを悪くするため、への字口に。頭から鎖骨へつながる胸鎖乳突筋の緊張をほぐして、首の位置を正しくリセットすることで改善します。

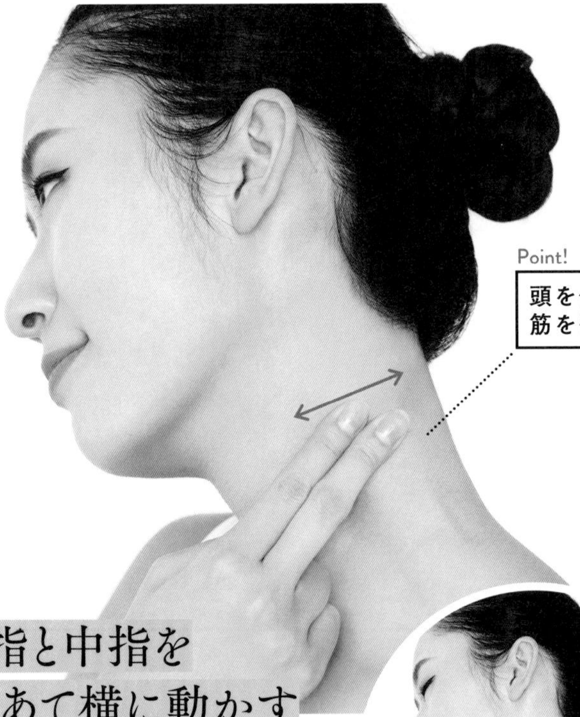

Point!

頭を傾けて
筋を確認する

1

人さし指と中指を首筋にあて横に動かす

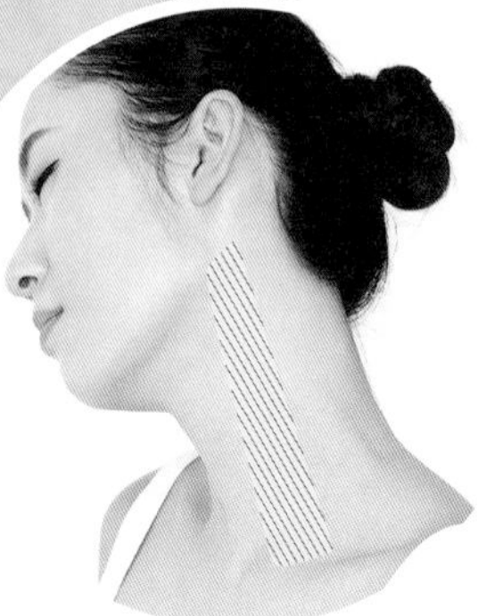

頭を傾けると浮き出る筋が胸鎖乳突筋。人さし指と中指の腹を頭のつけ根に近い胸鎖乳突筋にあて、左右にスライドさせてほぐす。左側には右手を、右側には左手を使う。

2 位置をずらし鎖骨まで まんべんなくほぐす

首のつけ根から鎖骨上まで5カ所を2本指でほぐす。皮膚をこするのではなく、筋肉を指の腹でとらえ、痛気持ちいい圧でほぐして。反対側も同様に行う。

5カ所
×
5回
×
3セット

口角の下がり

口を動かす筋肉を
鍛えて口角を上げる

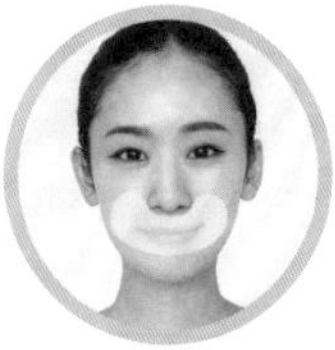

口のまわりを囲む口輪筋《こうりんきん》。それを引き上げるほおの筋肉の衰えにより口角が下がってしまいます。筋力をつけて、キュッと上がった口元に。

顔ほぐしもプラス

Point!
奥歯にはさむ

1

わりばしを奥歯にはさむ

わりばしを1本用意。口を開け、横にしたわりばしを奥まで入れてくわえる。できるだけ奥歯のほうではさむのがポイント。

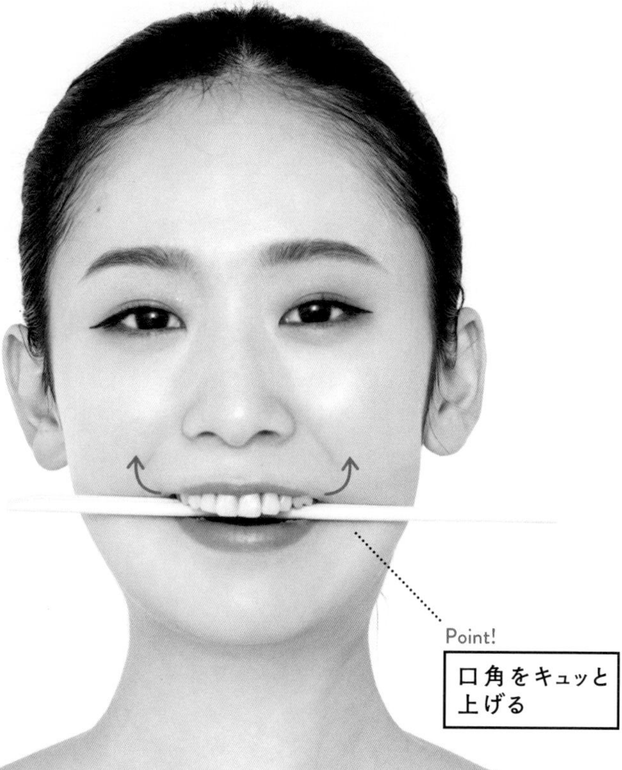

2
口角を上げ、キツイと感じるところで1分キープ

1
分

前歯を見せてキュッと口角を上げる。「え」の口にしてほおも上がるようにするのがコツ。キツイと感じるところで1分キープ。わりばしが斜めにならないよう鏡で確認しながら行って。

エラ張り

後頭筋のこりをほぐし前傾姿勢を正す

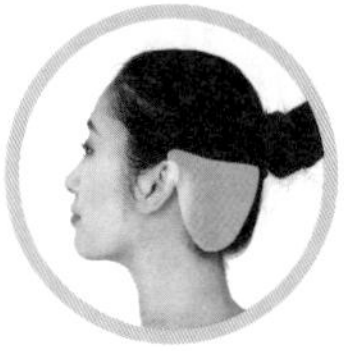

エラ張りの一番の原因は食いしばり。後頭筋がこると、頭を後ろに反らしづらくなりうつむいた状態に。顔が下がると食いしばりやすくなるので、後頭部から首のこりをほぐしましょう。

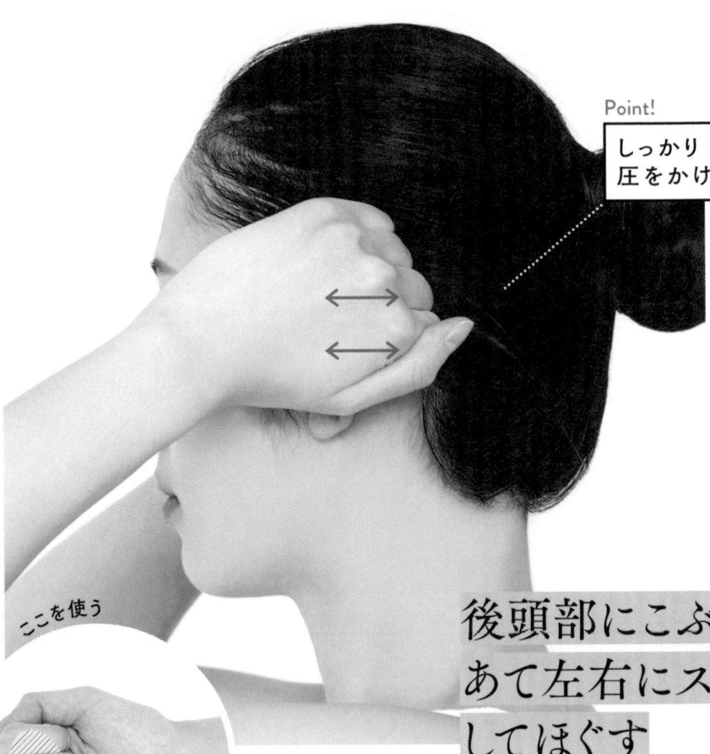

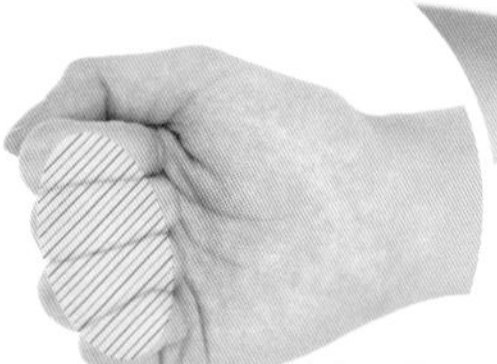

1

後頭部にこぶしをあて左右にスライドしてほぐす

こぶしの平らな面を耳後ろの後頭筋にあてる。横方向に走る後頭筋に対し、こぶしを縦にあて骨をほぐすように圧をかける。

2 位置をずらしながら首筋までほぐす

1カ所につき5回スライドさせ、頭と首のつけ根にある僧帽筋《そうぼうきん》までほぐして首のこりもケア。うつむき姿勢が改善され、あごまわりの緊張がとれる。

5カ所
×
5回

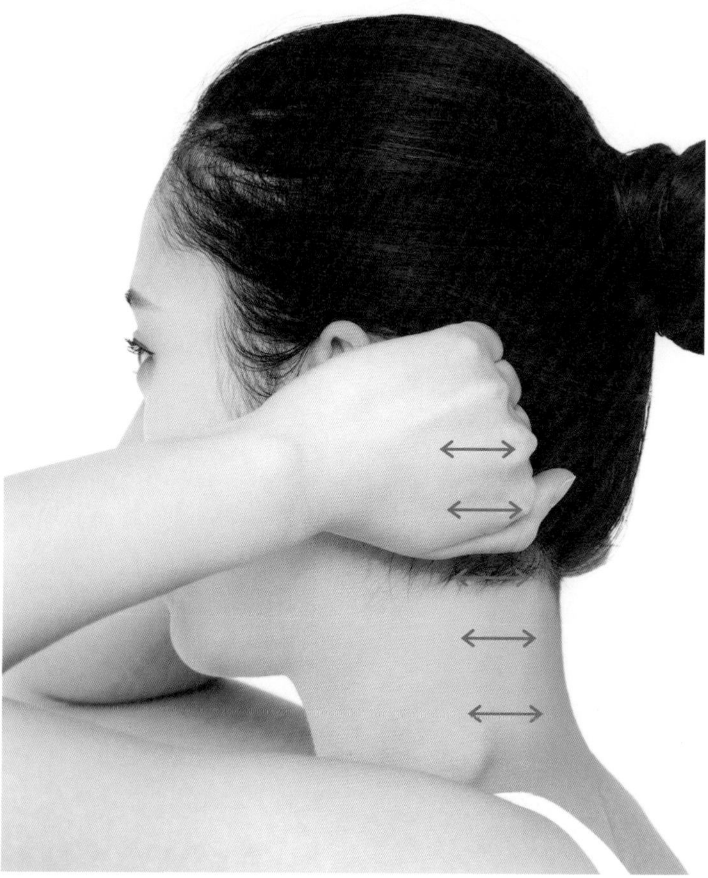

エラ張り

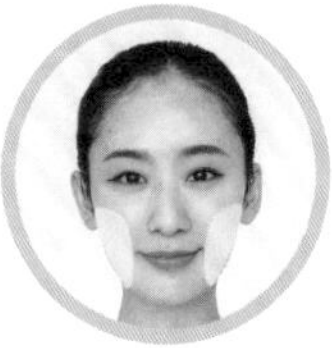

食いしばりでかたくなった筋肉を内側からほぐす

無意識のうちに奥歯をぐっと食いしばるクセがある人は、咬筋などほおの筋肉がかたくなっています。骨がゆがみエラが張り出してくるので、ほおの緊張をゆるめてあげましょう。

顔ほぐしもプラス

Point!
3本指で
しっかりはさむ

Point!
手を洗い清潔な
状態にしてから

1

親指を口の中に入れ、ほおを2本指でとらえる

左ほおの内側に右手の親指を入れ、外側に人さし指と中指をそろえてあて、ほおの筋肉をはさむ。口を開け閉めしたときに動く筋肉をとらえるようにする。

あぐ

Point!
あぐあぐと
口を動かす
Point!
逆の手で軽く
おさえる

2

「あぐあぐ」と口を開け閉めしこりをほぐす

左右各5カ所
×
5回
×
3セット

筋肉をはさんだまま「あぐあぐ」と口を5回開閉。親指に力が入りにくい人は反対側の手でおさえるとよい。口元側からほお骨に向かって位置をずらしながら5カ所、繰り返す。反対側も同様に。

首のシワ

頭のこりをほぐし首のつまりを防ぐ

頭全体のこりは首、肩へと伝わり、骨格をゆがめて姿勢が悪くなります。あごを引いた状態になり、首がつまるのでシワができやすくなります。猫背にならないよう頭をほぐして予防を。

1 指の腹で額から頭頂部をほぐす

全身の筋肉とつながる頭頂筋と帽状腱膜のこりからほぐす。指の腹を頭皮にあて、生え際から後頭部まで小刻みに動かす。

2 こぶしで側頭部をほぐす

側頭部はこぶしを使い、骨をほぐすように圧をかける。こぶしを横にして平らな面をあて、生え際から耳後ろまで小さく円を描くようにもみほぐす。

3 こぶしで後頭部から首までほぐす

頭を後ろから支える後頭部がこるとうつ向き姿勢になるので、しっかりほぐす。こぶしを縦にして耳後ろにあて、首までほぐす。

各10秒

首ほぐしもプラス

1

人さし指と中指を横にほぐす

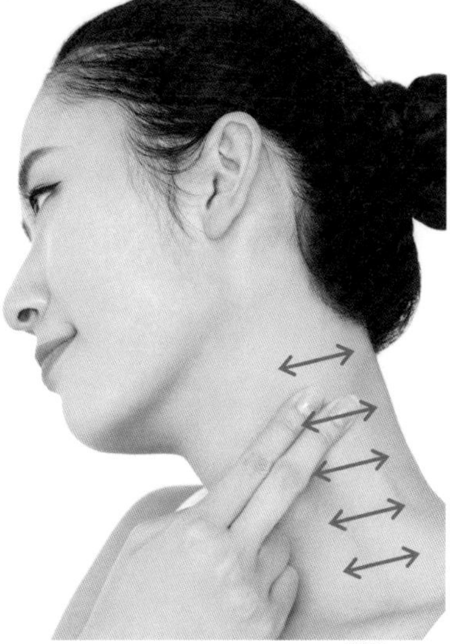

頭を傾け、浮き出た太い筋（胸鎖乳突筋）に人さし指と中指をあてる。左右に小さく動かして圧をかけてほぐす。鎖骨まで5カ所同様に行う。左側には右手を、右側には左手を使って。

5カ所
×
5回
×
3セット

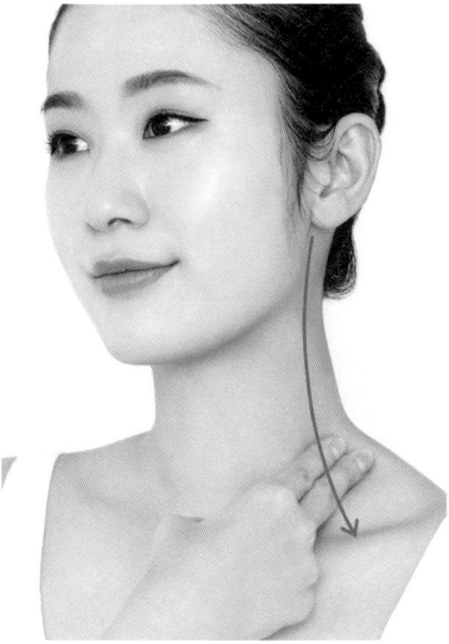

2

オイルをつけて首のリンパを流す

マッサージ用オイルを首につける。人さし指と中指の腹を胸鎖乳突筋にあて、耳後ろから鎖骨までスライドさせて流す。反対側も同様に。

村木式「頭ほぐし」Q&A

Q 1日のうちいつ行うのが効果的ですか?

A いつでもOKです

ケアを行う時間帯による効果の差はありません。頭のこりや顔のたるみに気づいたときに行ってください。例えば朝のメイク前に行えばむくみがとれて、化粧ノリもよくなるでしょう。寝る前に「頭ほぐし」を行えば、リラックスでき、眠りにつきやすくなります。無理なく続けられる時間帯を選んで、毎日行いましょう。

Q 「頭ほぐし」はどのくらいの強さでやるのがいいの?

A 痛気持ちいいくらいの圧で行ってください

筋肉の深いところまで刺激を与えたいので、表面をさするのではなく圧をしっかりとかけてください。心地よい痛みを感じるくらいがベストです。強い痛みを感じるときは、頭が相当こっているので、少しずつほぐしてあげましょう。力が弱い人は指の腹よりもこぶしの平らな面を使うのがおすすめです。

Q 筋肉をとらえるコツは?

A 指先で骨を感じることが大切です

筋肉は骨についているので、深部までとらえるためには、指先で骨を感じることが重要です。頭や顔は筋肉の厚みがないので、骨を感じやすいと思います。骨にこびりついた筋肉をはがすイメージで小刻みに動かしましょう。

PART 3

＼＼村木式／／

「頭ほぐし」で白髪・薄毛対策

美しい花を咲かせるには土壌が大切なように、美しく豊かな髪を育てるには、土台となる頭皮を健やかに保つことが重要です。白髪や薄毛を防ぐ「頭ほぐし」を習慣にしつつ、ヘアケアを見直し、後ろ姿も見違える美髪を手に入れましょう。

白髪や薄毛も頭のこりが原因のひとつ。早めの対策で、いつまでも若々しい髪に

髪の曲がり角は30代半ばと言われます。白髪や薄毛、パサつき、うねり、ボリューム不足など、髪悩みが加齢とともに徐々に増えていきます。筋肉の深部にまで働きかける「頭ほぐし」でこりと血流を改善し、頭皮を健やかに保つことが、美しくコシのある髪をつくる王道であり、近道です。

白髪ができるメカニズムはまだ解明されていませんが、髪を黒くするメラノサイトの細胞分裂がスムーズにいかないことが原因のひとつと言われます。髪をつくり出す細胞を活性化させるには、血流をよくして毛根に栄養を行きわたらせることが大切です。

薄毛が気になる人は、筋肉がないため血流が滞りやすいハチや頭頂部を重点的にほぐしましょう。ハチが張って頭皮がのび、毛穴と毛穴の間隔が広くなって、薄毛が強調されることも防げます。

髪のうねりは、頭皮のたるみが原因。頭がこって頭皮がたるむと毛穴が変形し、ツヤが出にくくパサつきがちなうねった毛が生えてきます。これも「頭ほぐし」で対策を。シャンプー法やドライ法も見直し、若いころよりさらに美髪を目指しましょう。

白髪・薄毛
を防ぐ
「頭ほぐし」

高価な育毛剤を使っても頭がカチコチでは効果は得られません。頭蓋骨をほぐし、頭皮を耕すイメージで頭の緊張をやわらげ、血流をよくしてふかふかとした健康的な頭皮を目指しましょう。

Point!
耳を手のひらで覆い
筋肉ごと外へまわす

1
耳をまわして 頭の筋肉の動きをよくする

手のつけ根をエラのあたりに置き、手のひらで耳を覆って、手の位置はそのままで、前に落ちてきた筋肉を引き上げるように後ろへまわす。側頭部につながるほおと耳の緊張をほぐす。

10秒

Point!

生え際から
後頭部へ細かく
ジグザグにほぐす

2 前頭筋と帽状腱膜をほぐす

10秒

指の腹を頭皮にあて、筋膜を頭蓋骨からはがすように1〜2㎜動かしてほぐす。生え際→後頭部へ指の位置をずらしていき、頭頂部全体のこわばりを解消。

Point!

頭皮をこすらず
骨をとらえてほぐす

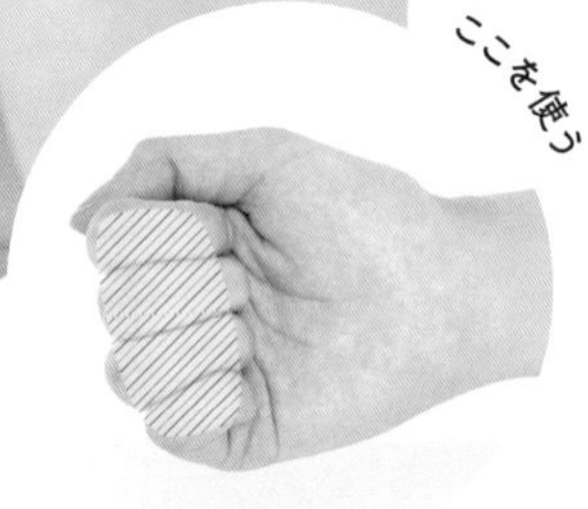

3 側頭部をほぐす

こぶしの平らな面をこめかみにあて、小さく動かしながら生え際から耳後ろに向かって側頭筋をほぐす。骨にこびりついた筋肉をはがすイメージで細かく動かす。

10
秒

Point!

後頭部から
首までを
上から下へ
細かく
ほぐす

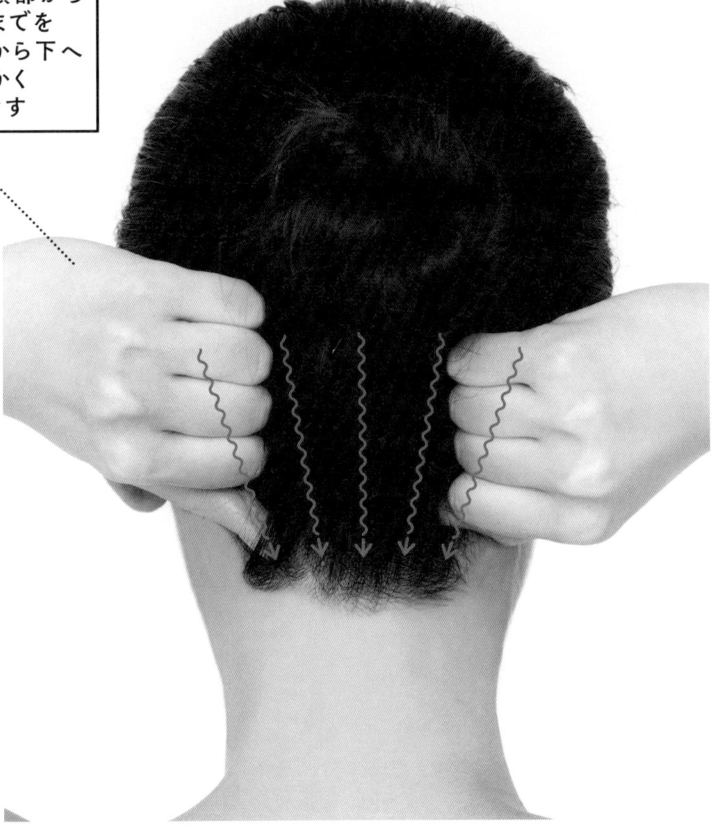

4 後頭部〜首をほぐす

10秒

耳後ろの後頭部にこぶしの平らな面をあて、1〜2㎜動かしながら後頭筋をほぐす。頭蓋骨と首の境目までほぐすと血流がよくなる。

ブラシマッサージも白髪・薄毛対策に効果的

ブラシによる適度な刺激も頭皮の血行促進に効果があり、おすすめです。シャンプー前にブラシマッサージをすれば、毛穴や髪についた汚れを落としてくれるので、洗髪もスムーズになります。

耳上をジグザグにとかす

髪は乾いた状態で行う。毛先のからまりをとってから、ブラシ全体を使って側頭部の生え際から後ろへ向けて細かくジグザグにとかす。

生え際から後ろへとかす

頭頂部も生え際から後頭部に向かって髪をかき上げるようにとかす。毛流れに逆らってとかすことで、毛穴の汚れが浮きやすくもなる。

3

ブラシを頭頂部に押しあて「の」の字を描く

血流が悪くなりがちな頭頂部は、ブラシ全体を押しあて、「の」の字を描いてしっかり刺激を与える。位置を変えながら頭頂部全体に行う。

4

上から下へリンパを流して整える

最後に生え際からえり足までブラシを通し、リンパを流す。頭頂部から後頭部、側頭部から後頭部へとまんべんなく行って。

ブラシの柄を使った ツボ押しも効果的

頭部には肩こりや目の疲れ、血行不良を改善するツボが多数あるので、ポイントで圧をかければすっきり。先端が丸いものを使って。

Point!
百会《ひゃくえ》など
頭のツボをプッシュ

※ツボの位置はPART4（P95〜）を参考に。

頭皮用ブラシを使いましょう

ブラシマッサージにはクッション性が高く、ピンの密度が低いブラシを使うのがおすすめです。獣毛やブロー用ブラシは頭皮ケアにはあまり適さないので、専用ブラシを手に入れて。

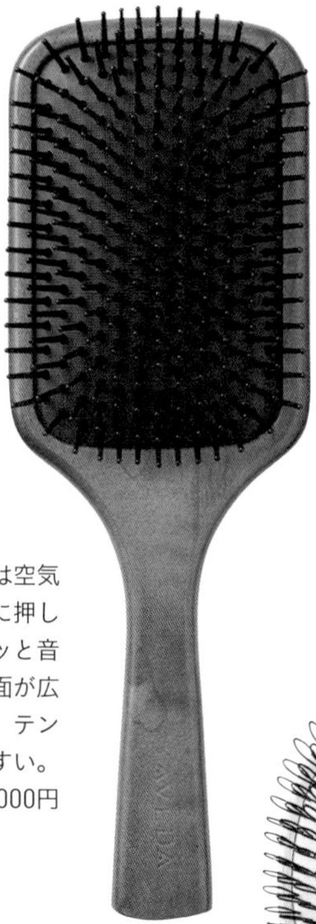

Point!
毛先が丸い

Point!
クッション性がある

Point!
面積が広い

クッション面には空気穴があり、頭皮に押しあてるとプシュッと音が出る設計に。面が広く柄も長いので、テンションがかけやすい。パドル ブラシ 3,000円＋税／アヴェダ

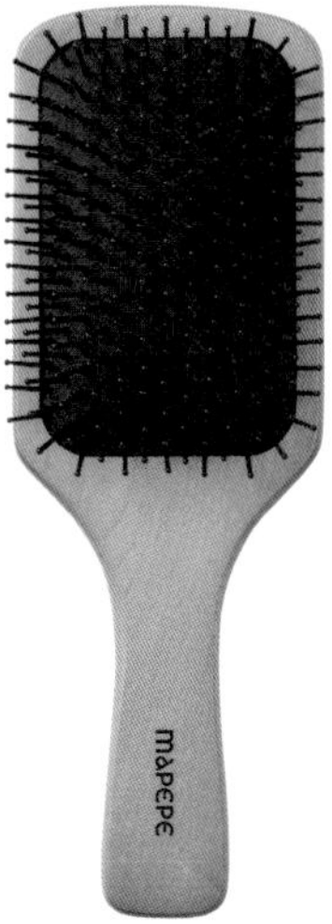

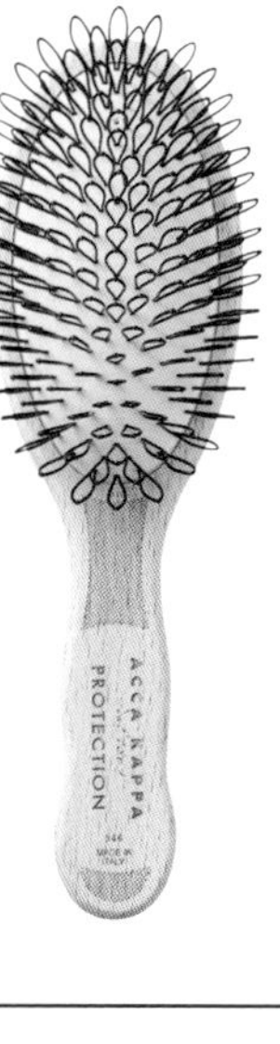

ループ状のブラシが頭皮の血行を促進、ブラッシングとスカルプマッサージが同時にできる。プロテクション ヘアブラシ no. 946 4,800円＋税／アッカカッパ 東京ミッドタウン日比谷

クッション性が高く、心地いい刺激が与えられる。ブラシ面積が広く、1回で広範囲をケアできる。マペペ ふかふかクッションのパドルブラシ 1,200円＋税／シャンティ

シャンプー法を変えて白髪・薄毛対策を

頭皮環境を整え、健やかな髪を育むには、髪ではなく頭皮を洗うことを意識して。頭皮はていねいに洗い、髪そのものは頭皮のついでに流す程度で十分、予洗いとすすぎに時間をかけるのもコツ。

1 ぬるま湯で予洗いをして汚れを落とす

ぬるま湯（38〜40度）で髪についたホコリや皮脂を流す。頭皮に触れながら内側までしっかりと流せば、汚れの7〜8割は落とせる。

2

シャンプーは軽く泡立ててから頭皮につける

手にとったシャンプーを地肌や髪で泡立てるのはNG。手のひらで泡立ててから髪へ。洗顔料のようにもこもこにする必要はなし。

3

指の腹で頭皮全体をもみ洗い

泡立てたシャンプーを髪にのせ、指の腹で頭皮をマッサージするように全体に泡を広げながら洗う。爪を立てずに、やさしくもみ洗い。

4

頭ほぐし(P76~79)を取り入れる

血行がよくなっている状態で、「頭ほぐし」をプラス。時間がないときでもシャンプーのついでなら取り入れやすく、疲れもとれる。

5

洗い残しがちな生え際、後頭部、耳後ろをていねいに洗う

髪が密集している後頭部は十分に洗えていないことが多い場所。生え際や耳後ろは汚れがたまりやすいので、意識して洗って。洗う順番を決めておくといいでしょう。

6

指を入れて
しっかりとすすぐ

髪の内側に指を入れ、頭皮に触れながらすすぐ。すすぎ残しはかゆみやにおいのもと。耳後ろや後頭部はすすぎ残しやすいので注意！

7

トリートメントは
一束ずつ
もみ込む

髪の補修や保湿をするトリートメントは頭皮につけないのが鉄則。髪の中間〜毛先につけ、一束ずつ軽くもみ込み浸透させて。

8

数分おいてからすすぐ

髪一本一本になじませたら、2〜5分ほど放置して浸透させる。ぬるま湯でぬめりがなくなるまですすぐ。

髪の乾かし方を見直せばツヤとボリュームはつくれる

年齢とともに気になってくるパサつきやうねり、ボリュームの物足りなさは、ドライ＆ブローでカバーを。根元を立ち上げるように乾かし、引っぱって熱をあてることでツヤを出して。

☑ 分け目をこえて、左右に髪をかき上げ根元を起こす

普段の分け目とは逆からかき上げ、根元に向けて温風を送って乾かす。左右交互にかき上げ、根元を起こすとふんわりする。

☑ 髪を軽く引っぱりながら乾かすとツヤが出る

8〜9割乾いたら、毛先を軽く引っぱり、斜め上からドライヤーの温風をあてて仕上げる。キューティクルの流れが整い、ツヤが出る。

☑ 前に髪を流してセット

ボブ〜ミディアムヘアなら、後ろから前に髪を流して乾かすと頭の丸みに沿ったシルエットに。顔まわりにふんわり髪がかかるので、小顔効果も得られる。

☑ 首に温風をあて血流をアップ

ドライヤーを15〜20㎝ほどはなして温風をあて、首をあたためる。首の緊張がとれて血流がよくなり、頭のこりも改善。健康な髪を育む頭皮環境が整うようになる。

村木流セルフケア、公開します!

「実は
乳がんの治療で
数年前は
頭皮も髪も
ボロボロだったんです」

髪も年齢とともにやせ細り、ツヤも失われていきますが、日ごろからセルフケアをしっかり行っているおかげで、ボリュームもツヤも保つことができています。毎日の「頭ほぐし」の重要性を実感しているのは、誰よりも私自身なのです。

約7年前、乳がんになり、放射線治療を受けたことがそのきっかけです。体にさまざまな不調が現れ、頭皮や髪にもトラブルが。抗がん剤治療は受けなかったので、髪が抜け落ちることはありませんでしたが、見たこともない大きなフケがボロボロとはがれ、毛量が減り、髪が細くなってうねり毛も増え、一気に老け込んだのを覚えています。美容家としても、女性としても、大きなショックでした。

体調がある程度回復してからでしたが、自分が開発した「頭ほぐし」でケアをスタート。頭のこりをほぐし、血流をよくすることに加え、食事や睡眠、運動といった生活習慣ももう一度見直しました。徐々に頭皮の状態も改善し、髪のツヤやボリュームも復活してきたのです。今では、病気をする前よりむしろコンディションがよくなったかも、と感じるほど。もちろん「顔ほぐし」でフェイスケアもあわせて行い、肌の状態も回復しました。

ケアを地道に続ければ、大きなダメージを受けた髪や頭皮でさえも、よみがえる可能性が十分にあるということを、身をもって体験しました。もちろん、さまざまな条件によって効果の出方は変わってくるでしょう。でも、「もう年齢が年齢だから」とあきらめず、「頭ほぐし」にトライし、続けてみてください。若いころと同じように、もしかしたら、さらに美しくなることも、決して不可能ではないはずです。

健康な頭皮と髪を取り戻すためにやったこと

☑ 毎日のヘッドマッサージ

病気になる前から、毎日セルフケアは続けていましたが、病後はよりていねいに頭をほぐし、血流を上げ、健康的な髪を育む頭皮環境をつくることを心がけました。シャンプーするときや夜のケアタイムのほか、隙間時間にも「頭ほぐし」を。

☑ タンパク質、ビタミンB群、亜鉛を意識してとる

髪は主にタンパク質でできているので、卵や豆類、赤身肉、魚などで、良質なタンパク質を積極的にとるように。また、タンパク質の合成や代謝を助けるビタミンB群や血流を促すビタミンE、抜け毛を防ぐといわれる亜鉛なども、食事やサプリメントでしっかり補給しています。頭皮の糖化や酸化につながる甘いものや脂っこい食事は避けています。

☑ 忙しくても睡眠時間はしっかり確保する

起きている時間が長いと、それだけ頭の緊張状態が続いてしまいます。睡眠中に疲労回復や、細胞の修復を助ける成長ホルモンが分泌されるので、睡眠は頭皮環境を整えるためにも重要。質のいい眠りを得るためにアロマやメラトニンのサプリも取り入れています。寝る1時間前にはスマホはオフし、リラックス。

☑ ジムで定期的に体を動かす

頭の血流をよくするには、体を動かし、全身のめぐりをよくすることも不可欠なので、ジムで定期的にパーソナルトレーニングを受けています。ジムのあとは酸素カプセルへ行くことも。体や頭の疲れが一気にオフできますよ。

PLUS ITEMS

わたしの愛用ヘアケア

季節やそのときの髪状態に合わせて変えていますが、愛用しているヘアケアアイテムをご紹介します。健やかな頭皮とハリ・ツヤのある髪を維持するためのおすすめ品です。

シャンプー&トリートメント

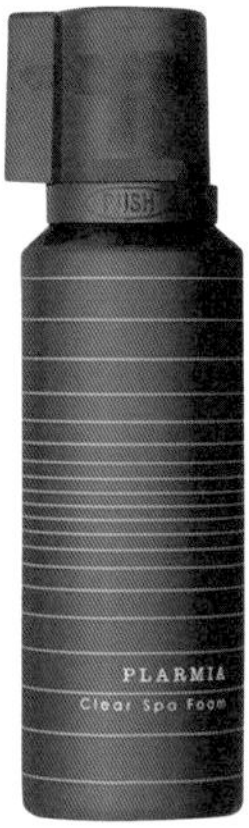

毛穴汚れを浮き上がらせ、頭皮のめぐりをよくしてくれる炭酸シャンプー。女性の加齢臭対策にも。プラーミア クリアスパフォーム 170g 2,500円+税/ミルボン(美容室専売品)

美容室でおすすめされて使いはじめました。年を重ねて元気がなくなりはじめた髪も張りのあるぷるんとした髪に仕上がります。〈右から〉オージュア ディオーラム シャンプー 250mℓ 4,200円+税、オージュア ディオーラム ヘアトリートメント 250g 5,200円+税/ともにミルボン(美容室専売品)

頭皮ケア

ブラシから低周波が流れ、心地いい刺激がカチコチにかたくなった頭をほぐしてくれます。顔・ボディにも使えるので、全身の緊張をほぐしています。エレクトロン デンキバリブラシ 180,000円+税/GMコーポレーション

髪のUVケア

頭皮や髪も紫外線ダメージを受けています。通年、日焼け止めが欠かせません。スプレータイプならお手軽です。オージュア デイライト シャワー SPF50+/PA++++ 80g 1,200円+税/ミルボン(美容室専売品)

PART
4

大人の
体と心の不調を

「頭のツボ押し」で整える

肩こりや頭痛、イライラ、ホットフラッシュ。大人になるとどうしても増えてくる、ちょっとした体や心の不調。セルフメンテナンスには、頭の「ツボ押し」も効果的です。1点を押すだけなので、いつでもどこでもケアが可能です。

頭には自律神経を整えるツボが多く、押せば体だけでなく心も元気に

「目がかすむ」「イライラする」など、病気とまでは言えないけれど、なんだか体や心の調子が悪い。年齢とともに増えてくるそんな不調を解消するには、ツボ押しもおすすめです。東洋医学の考えによる「経絡」というエネルギーの流れの要所にあるのが、「経穴」とも呼ばれるツボ。刺激することで血流をよくしたり、自然治癒力を高めてくれます。

頭には薄毛や頭痛、肩こり、目の疲れといった、主に頭や顔まわりの不調に効くツボが点在していて、約50個あるそうです。よく知られているのは頭頂部の真ん中に位置する「百会」。自律神経の乱れや頭痛、めまい、不眠などを改善する効果があります。ストレスを感じたときは頭頂部を押すと、すっとリラックスできますよ。

そのほかにも不調をやわらげるツボがいくつもありますので、本書では大人の女性に多い悩みを解消するツボをご紹介いたします。

1点を押すだけなので髪をセットしていても大丈夫。電車内で、仕事の合間に、カフェでお茶をしながらでも人の目を気にせずにできますので、不調を感じたらプッシュしてみてください。

Point!

ツボの押し方は 5秒で押して 5秒ではなす

ツボを押すときも、頭ほぐしと同じように指の腹を使い、垂直にゆっくりと圧をかけるのがコツ。息を吐きながら5秒で押し、5秒でゆっくりと力を抜いてはなします。力が弱い人は、指を曲げて関節を使ったり、先がとがっていないブラシの柄などを使っても。頭皮を傷つけないものを選んで。

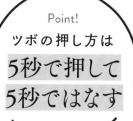

01

肩こり

首が前につき出し血流が悪くなった肩こりを「風池」で緩和

疲れ目や首の血流をよくする「風池」を押して、肩や首のこりを解消。親指でゆっくり押し上げるように圧をかけて。

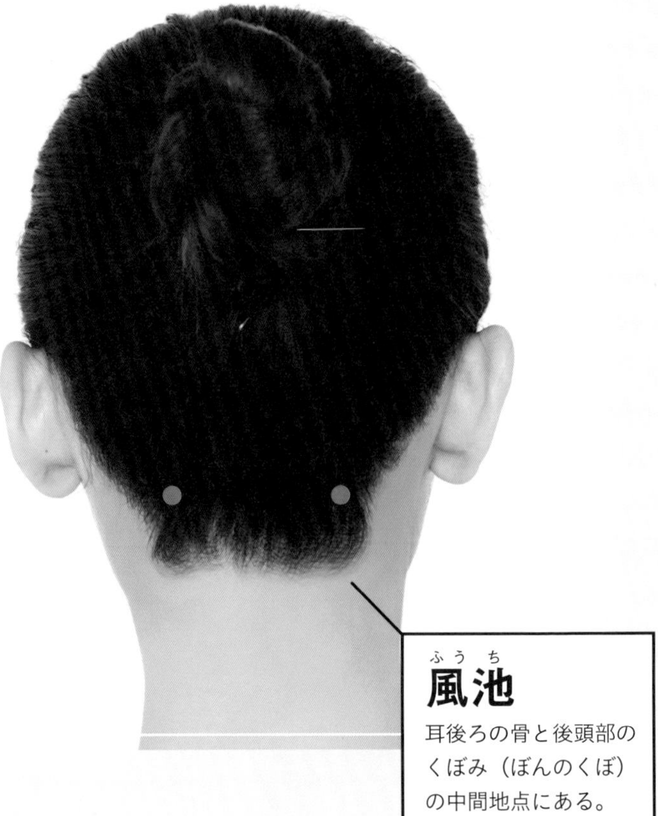

風池《ふうち》
耳後ろの骨と後頭部のくぼみ（ぼんのくぼ）の中間地点にある。

02

頭痛

頭が重くだるい痛みに「通天」。抜け毛予防にも効果的

首のこわばりからくる頭痛は、頭頂部にある「通天」を中指で押して解消。頭皮の血行もよくなるので、薄毛対策にも。

通天《つうてん》

黒目の上の生え際から親指4～5本分後ろにあるツボ。

03

目の疲れ

血流の滞りによるかすみ目や
片頭痛も「頷厭」で解消

スマホやPCを凝視したり、ストレスでこりかたまった目のケアに。中指でゆっくりと圧をかけ、緊張をほぐしましょう。

頷厭《がんえん》

こめかみ上の生え際に手をあて、口を開閉したときに動く場所。

04

耳鳴り

頭のこりによる耳のつまり には「角孫」を刺激

耳鳴りの原因はさまざまですが、側頭部のこりからくる症状には「角孫」が効果的。リンパの流れもよくなります。

角孫《かくそん》

耳を折り曲げたとき、耳の一番上があたる場所にある。

05

ホットフラッシュ

自律神経を整える「百会」で冷えのぼせをおさえる

更年期の症状のひとつであるホットフラッシュは、自律神経の乱れが原因。「百会」はイライラや気の沈みもおさえてくれる万能ツボ。

百《ひゃく》会《え》

左右の耳を結ぶ線と、眉間からの延長線が交差する頭のてっぺん。

06

イライラ

精神疲労が現れやすい首の後ろにある「天柱」を刺激

ストレスや疲れからくるイライラには首後ろの「天柱」が効果的。首のこりがほぐれ、血流がよくなることで緩和される。

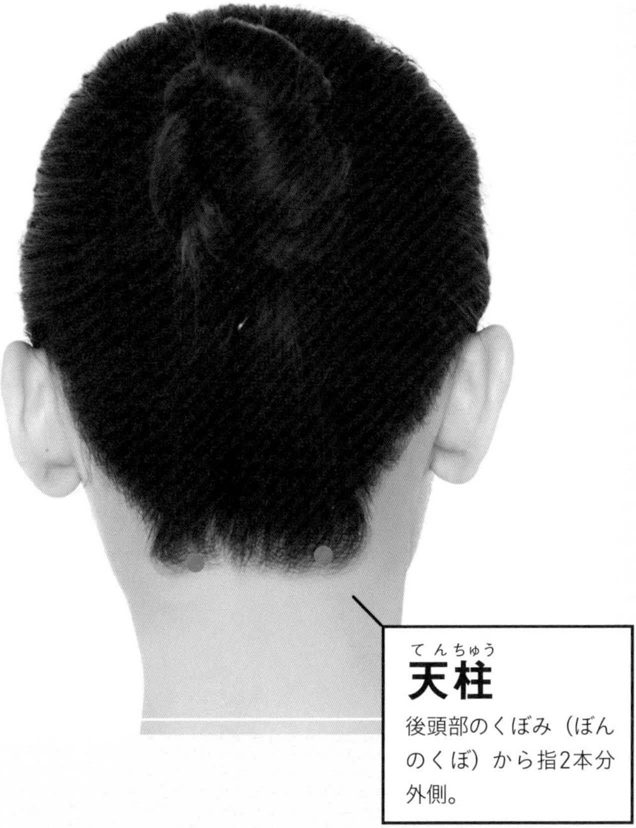
天柱《てんちゅう》
後頭部のくぼみ（ぼんのくぼ）から指2本分外側。

07

気分の落ち込み

情緒不安定な気持ちや
不眠をケアする「神庭」でリラックス

イライラや不安、沈んだ気持ちをやわらげる効果のある「神庭」。自律神経の乱れも整い、眠れない人にもおすすめ。

神庭《しんてい》

眉間の中心の延長線上で、生え際より少し上のところにある。

PART 5

背中と首のこりをほぐせば
「頭ほぐし」の効果が上がる!

頭のこりは、姿勢の悪さも大きな原因。首や背中の緊張をゆるめることで、頭のこりを予防することができます。意外とこっている自覚がない人も多いので、ケアをルーティンに取り入れて。「頭ほぐし」の効果もぐっと上がります。

頭のこりは首と背中をゆるめることでグッとラクになる

「頭ほぐし」の効果を高めるためには、首や背中のケアをするのがおすすめです。サロンワークでも、首や背中をゆるめると一気に頭がほぐれ、顔もリフトアップする、というケースが多いのです。

スマホやＰＣに集中すると、あごが前につき出たり、引きすぎて首の後ろや肩へとつながる筋肉がガチガチに。さらに背中の筋肉が前に引っぱられ、動きが鈍くなります。つながっている首や頭の筋肉もかたまり、顔のたるみを引き起こすのです。背中は意識して使うことが少なく、手が届きにくいのでケアもしづらい場所。気づいたら張りが強くなっていた、肩甲骨が動かない、肩が上がらない……と、深刻な状態になっていることも多いもの。この機会にぜひ背中へも意識を向けてください。

頭と首、背中の筋肉は連動していますので、「頭ほぐし」の前に背中をゆるめれば頭の緊張もとれやすくなります。また、背中がしなやかに動くようになれば、背面からぐっと顔を引き上げる力もアップ。肩こりも緩和され、胸も開き、自然と姿勢がよくなり、いいことだらけ。「頭ほぐし」とあわせて、背中をゆるめるストレッチの習慣化を。

まず、首をゆるめる

猫背になり頭が前に突き出ると、カーブを描くはずの首が真っすぐにかたまります。頭の重みが分散されず、首に大きな負担がかかり、緊張しがち。リンパも滞るので、しっかりゆるめましょう。

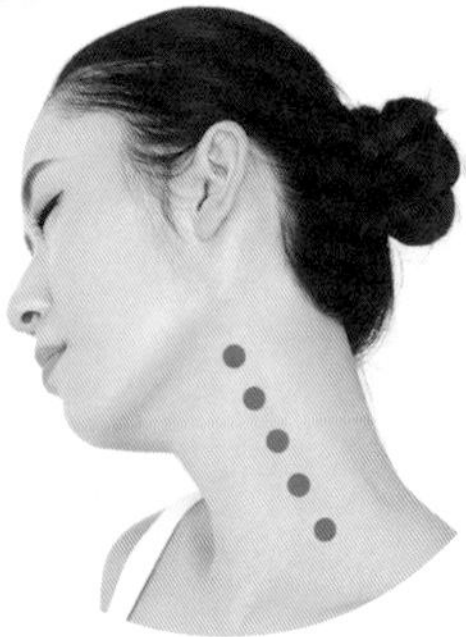

両手で首をはさんで首を「うんうん」「いやいや」と振ってほぐす

筋肉の力が抜けやすいようにあおむけに寝る。両手で首をはさみ、親指を鎖骨に近い胸鎖乳突筋（頭を傾けると浮き出る筋）にあて、残りの指は後ろへ。親指で胸鎖乳突筋をおさえたまま、「うんうん」「いやいや」と首を小さく振る。下から上まで5カ所を同様に行う。

5カ所
×
各5回
×
2セット

背中をゆるめる 1

背中は手が届きにくいので、テニスボールを使って筋肉の奥まで刺激を与えてゆるめる方法をご紹介します。肩甲骨まわりをほぐすことで首や頭の筋肉もリラックス。

01

あおむけになり
肩甲骨のわきに
テニスボールを置く

ひざを立ててあおむけに寝る。片側の肩甲骨のわきに硬式用のテニスボールを置き、腕を真っすぐ上げる。

02

ひじを引き
肩甲骨まわりに
刺激を与える

わきやひじが開かないよう、真っすぐひじを下に引き、肩甲骨の深部に刺激を与えてほぐす。テニスボールの位置をずらしながら、左右4カ所ほどほぐす。

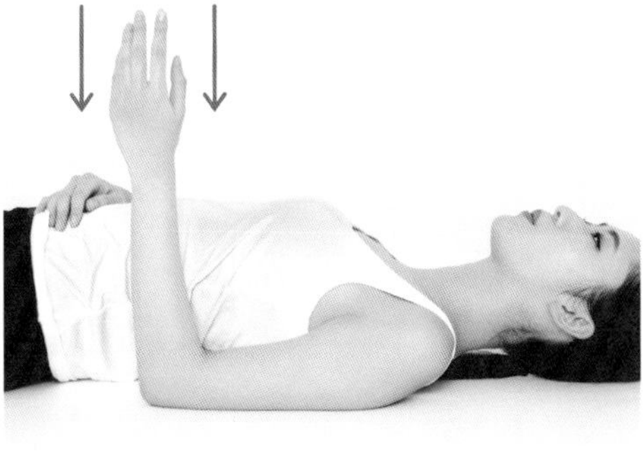

左右
4カ所
×
3回

背中をゆるめる 2

背中の張りがつらいと感じたときすぐできる、壁を使ったストレッチ。背中全体をのばし、肩甲骨にほどよい刺激を与えられるので、デスクワークで疲れたときのリフレッシュにもおすすめです。

01

壁に両手をつき お尻を突き出し 背中をのばす

壁から離れて立ち、肩幅くらいに足を開いて両手を壁につく。お尻を突き出してひざ裏をのばし、背中を反るようにのばして10秒キープ。このとき、顔は下げず壁を見る。

10秒×3回

02

顔は壁を向いたまま 肩を左右交互に 下げる

背中の力をゆるめてから右肩を下げて10秒のばす。さらに力をゆるめてから左肩を下げ、10秒のばすを繰り返す。

左右 10秒×3セット

背中をゆるめる 3

肩が内側に向かって丸く縮まった姿勢をリセットするために、わきの下をのばし、胸を開くストレッチを行いましょう。腕から肩甲骨の緊張がほぐれ、肩こりもラクに。

左右
10秒
×
3セット

壁から少し離れて片手をつき、脚を一歩前に出し体を前に倒す

左手を真っすぐのばして壁につき、左脚を一歩前に出す。体を前に押し出すように一歩踏み込み、腕からわきの下にかけてぐ〜んと10秒のばす。顔は正面を向き、背筋をのばして行うのがポイント。右側も同様に行って。

村木式「頭ほぐし」Q&A

Q

ヘッドローションなどを塗らなくていいのですか?

A **村木式メソッドは垂直に圧をかけるものなので、基本的には必要ありません**

リンパを流すマッサージとは異なり、筋肉の深部をとらえてほぐすメソッドなので、頭も顔も、すべりをよくするローションやオイルなどは必要ありません。例外として、首から鎖骨のリンパを流すメソッド(P37)は、マッサージオイルなど、すべりをよくするものを塗ってから行ってください。

Q

「頭ほぐし」をしてはいけないときはありますか?

A **頭痛や熱があるときは避けてください**

体調が悪いときは無理して行わず、お休みを。頭皮や顔の肌に炎症があるときや、熱をもって腫れているときも控えてください。肩や首がこっているときは「頭ほぐし」をすることで、こりが緩和されるのでぜひ行って。また、妊娠中も体調がよければ問題ありません。

Q

より効果が出るやり方はありますか?

A **まずは毎日続けることです**

1回でも効果は出ますが、持続させるためには、生活の一部として毎日続けてください。座っていても立っていてもOKですが、背筋をのばし正面を向いた状態で、呼吸を止めずにリラックスして行いましょう。

PART 6

頭のこらない生活習慣

スマホなどで目を酷使し、睡眠時間も不足気味になることが避けられない現代の社会では、どうしても頭がこりがちです。頭がこらない体の使い方や、リラックスできるコンディションを整えるコツを覚えておくことも重要です。

「頭がこるクセ」をやめると顔が変わる、不調が消える！

私自身、「頭ほぐし」を毎日実践していますが、〝頭がこらない〟生活も心がけています。サロンや講演会でもお伝えしている、ちょっとした心がけについてお話いたします。意識を変えることで、顔も髪も、そして心も元気になっていきます。

特に気をつけていただきたいのは、スマホやPCを見る姿勢。姿勢の悪さは頭のこりに直結します。頭や首、背中がこりにくい姿勢で使うことを習慣づけましょう。

睡眠環境にも注目を。実は、寝ている間に頭がこりかたまってしまう人が多いのです。神経や筋肉が緊張したまま眠ると、頭や体のこりがとれないうえ、眠りが浅くなって睡眠不足やイライラにつながり、さらに頭がこる、という負のスパイラルに。眠る姿勢を見直し、眠りに入りやすい環境を整えることが重要です。

また、家事や仕事をしながら、あるいは移動時間などに、頭をほぐす習慣をつけるのもおすすめです。簡単にできて気分もすっきりする方法をお教えします。

悪しき習慣を断ち、体が喜ぶ習慣を身につけることが、頭のこりを解消し、たるみやシワなどの「老け見えサイン」を防ぐ近道なのです。

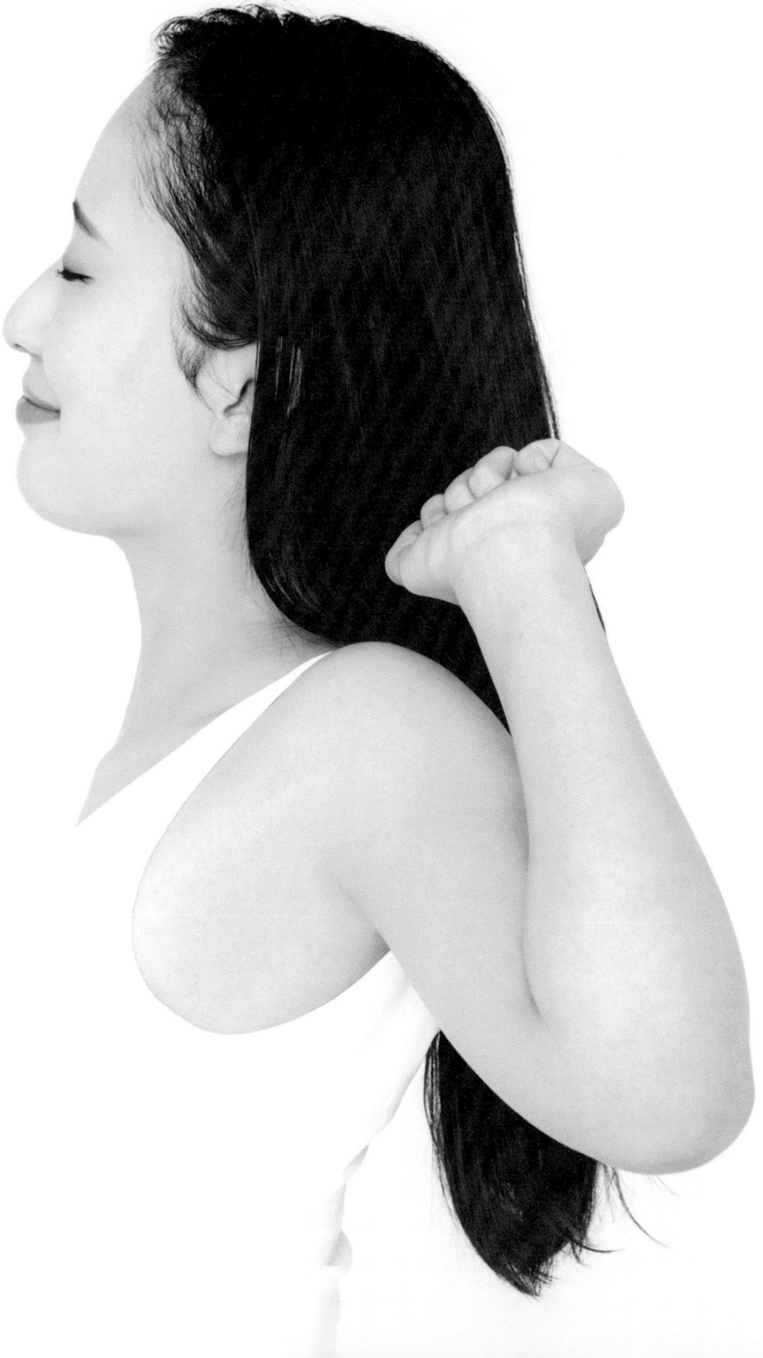

ＰＣとスマホを使う「姿勢」で頭のこりが激減

生活に欠かせなくなったスマホやＰＣ。前傾姿勢になりがちですが、首が前に出ないようにするだけで、頭だけでなく肩のこりも解消できます。

☑ パソコンは立ちながら使う

立った姿勢で使うと背筋が丸まりにくくなります。スタンディングデスクを使ったり、小さな台をのせるなどして、下向きになりすぎないよう画面の位置を調整してください。

NG！

デスクにひじをついたり、背中を丸めたり、あごを上げて使うのはNG。座る場合は、骨盤を立てて真っすぐ座り、背を丸めたり、左右非対称な姿勢を避けましょう。

☑ スマホはわきに手をはさんで口角を上げながら見る

下を向くと首に負担がかかるので、目の高さよりもやや下の位置にスマホの画面がくるように持ちます。反対の手をわきにはさみ、スマホを持った腕を支えて姿勢をキープ。口角を上げて口元のたるみも予防。

NG！

あごを引いて下を向いたまま、スマホ画面を凝視。電車でよく見る光景ですが、頭や首こりの原因に。首がつまり、リンパの流れが悪くなり顔のむくみにもつながります。

「ながら頭ほぐし」でこりの蓄積を防ぐ

仕事中などに、それと悟られずにできる、簡単な「頭ほぐし」法をご紹介。頭のこりをこまめにリセットすることで、気分もすっきり前向きに。

☑ ボールペンで頭マッサージ

ボールペンやサインペンなどのお尻を使って、生え際や耳上、えり足などをぐりぐりと刺激すれば、こりがほぐれてすっきり。消しゴムなどがついた丸みのあるペンを使って。

☑ イスの背を使って後頭部&首すじほぐし

親指は胸鎖乳突筋(P62)に、残りの4本指はぼんのくぼに置いて圧をかけます。椅子の背にもたれかかり頭の重みを利用して圧をかければ力を入れずほぐせます。

☑ ひじをついて側頭部のこりをほぐす

手を軽く握って平らな面を側頭部にあてます。ひじをテーブルにつき、考えごとをしているようなポーズで側頭筋を刺激。頭の重みを利用してじんわりと圧をかけましょう。

☑ シャンプー中や髪をまとめながらマッサージ

髪をかき上げるように生え際から手を入れ、耳後ろを通って首筋まで指の腹で圧をかけて流します。リラックス効果も。

睡眠環境を整えて寝ている間に頭のこりをほぐす

たっぷり寝たはずなのに起きたときに疲れを感じるという人は、睡眠中の姿勢が悪く、頭や体がこっている証拠です。睡眠の質も悪化し、全身の不調につながるので、見直しを。

☑ 枕はタオル2枚でカスタマイズが正解！

Point!

2枚目
眉間が床と水平になるよう高さを調整

Point!

1枚目
丸めたタオルで首と床のすき間を埋める

横向きよりもあおむけで寝るのが理想。首に力が入らないよう、眉間と床を平行にすることが重要。枕よりも、高さを微妙に調整しやすいタオルを複数枚使うことをおすすめします。まず1枚目のタオルの端を、首と床の隙間が埋まる高さに丸め、逆の端はのばした状態にし、頭をのせます。2枚目のタオルを後頭部の下に重ねて、眉間が水平になるよう高さを調整。首や肩、呼吸もラクになり、熟睡しやすく。

NG！ こんな寝方は頭がこる!!

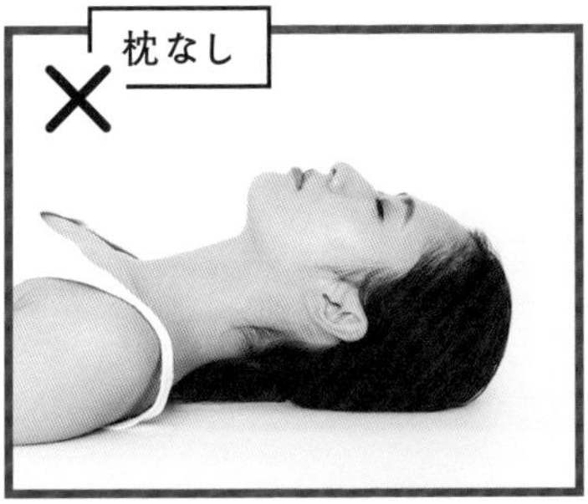

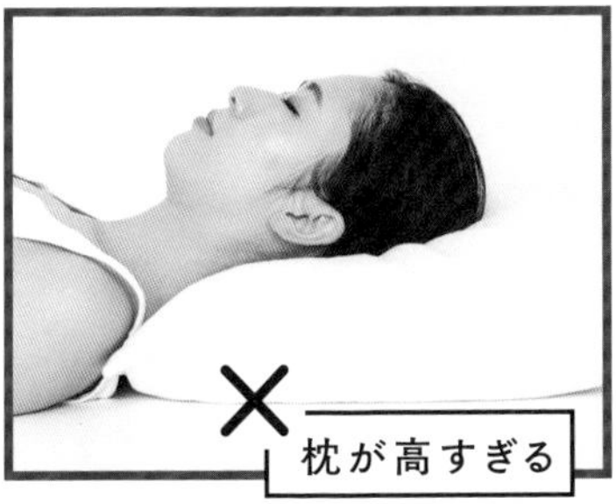

枕が高すぎたりして、眉間が水平にならない状態だと首に余計な力が入り、血流やリンパの流れが悪くなり、頭がこってしまいます。枕なしで首のすき間が埋まっていない場合も、筋肉が緊張から頭のこりにつながるのでNG。

横向きで寝る人は…

☑ 首、ウエスト、脚の間のすき間を埋める

首
頭が水平になるように高さを調整

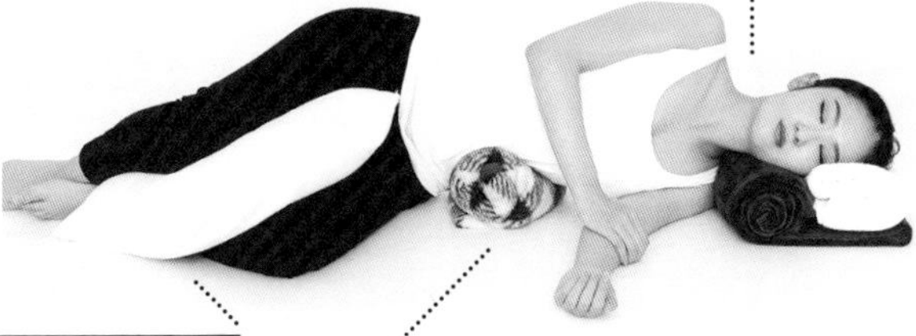

脚の間
クッションをはさみ、腰をなるべく水平に

ウエスト
くびれの下を埋める

☑ 寝る1時間前に スマホをオフ

スマホやPCの画面から出るブルーライトは、太陽光に似た強い光です。夜に浴びると体内時計を狂わせ、眠りのスイッチが入りにくくなります。ベッドの中までスマホを持ち込まず、早めにオフ！

☑ 寝る前に目を温める

目から情報を得ることが多く、日中は酷使されています。目のまわりの筋肉が緊張しているので、蒸しタオルで温めてあげましょう。緊張がとけ、リラックスモードに。

☑ 起きたらすぐに 朝日を浴びる

寝る時間がまちまちでも、起きる時間をできるだけ一定にし、朝日を浴びることで体内時計をリセットできます。夜間に睡眠リズムを整えるメラトニンの分泌もうながされます。

アロマの力で頭のこりをほぐす

お気に入りの香りをかぐことで、自律神経のバランスが整い心身ともにリラックスでき、体が眠りの態勢に入る副交感神経への切り替えがスムーズになるのです。脳の疲れがとれるので、自然と頭の緊張がほどけ、心地いい眠りを誘います。入眠しやすくしたり、眠りの質を高めたりするブレンドアロマを活用するのもいいでしょう。コットンに含ませて枕元に置いたり、パジャマのえり元につけても。

モミの木の仲間、トドマツの香り。森林浴をしているようなリラックス効果があり、呼吸をやすらかに整えてくれる。北海道モミエッセンシャルオイルスタンダード 5mℓ 1,800円+税／フプの森

イランイランとオレンジの精油をブレンド。朝の目覚めが悪い人におすすめ。ザ パブリック オーガニック スーパーディープナイト ホリスティック精油ピローミスト クリアアウェイク 60mℓ 2,800円+税／カラーズ

ラベンダーやカモミールのやさしい香りが、心身をゆるめお休みモードへ。ロールオンタイプで使いやすい。アロマパルス ナイトタイム 9mℓ 1,800円+税／ニールズヤード レメディーズ

熟睡しやすい呼吸に整える

首や胸元が固まったままで眠ると、呼吸がしにくくなります。筋肉をゆるめ、副交感神経が優位になりやすい鼻呼吸に切り替え、深くおだやかな眠りに導いて。

☑ 肋骨の間に指を入れこりをほぐす

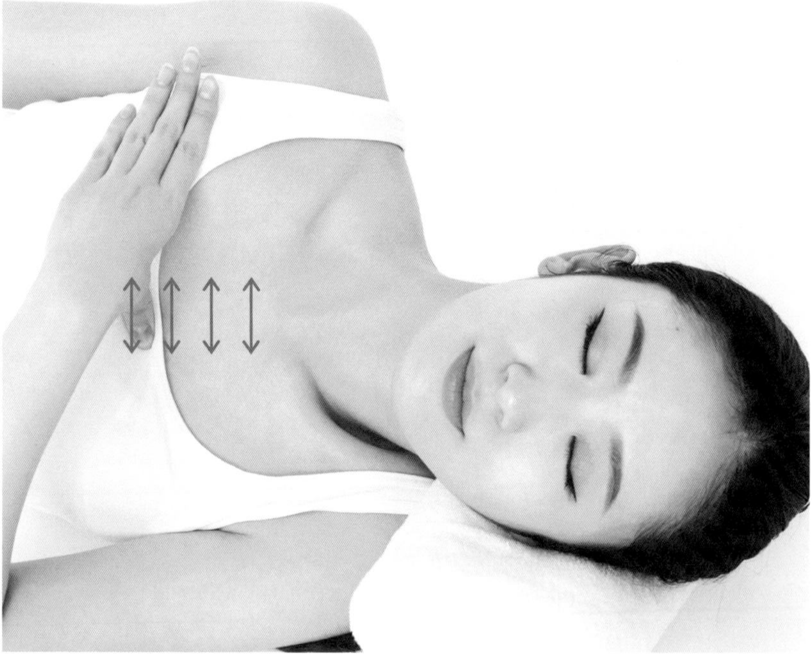

前かがみの姿勢でいると首から鎖骨が緊張し、呼吸をするときに必要な横隔膜の動きが悪くなります。寝る前に、こわばった肋骨まわりをほぐせば呼吸がラクになります。頭が真っすぐになるようタオルを入れて調整し、横向きに寝ます。肋骨のくぼみに親指をひっかけて「うにうに」と横に動かし、ゆるめます。位置をずらしながら左右行って。

☑ 首の緊張をやわらげる

首のこわばりは寝ている間の頭の緊張の原因に。親指で鎖骨上の胸鎖乳突筋(P62)をおさえ、残りの4本指を後ろにまわして首をはさみます。「うんうん」「いやいや」と首をふり、こりをほぐしましょう。蒸しタオルやドライヤーの温風で首を温めてから寝るのも効果的。

☑ 鼻呼吸に切り替える

深い呼吸は自律神経を整え、体をリラックス状態に導いてくれます。深い呼吸を意識するには、体のなかの空気を鼻から吐き出し、鼻から吸い込むのが効果的。ゆっくりと繰り返すうちに、リラックスできる副交感神経がスイッチONに。

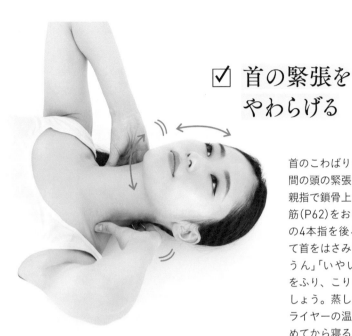

おわりに…

みなさま、本書を手にとっていただきありがとうございます。

頭をほぐしてみて、いかがでしたか？

頭皮が動かずかたかった、痛かった……という方も多いのではないでしょうか。普段、あまり「こり」を意識しない場所ですが、気づかないうちにこりが蓄積し、それが当たり前になってしまっているのです。

ぜひ、「頭ほぐし」を毎日続けてみてください。まず顔が引き上がって、ストレスもほぐれ、表情が明るく生き生きとしてくるでしょう。徐々に髪や肌のコンディションも根本から上向きに。数カ月後には、「最近、なんだかきれいになったじゃない？」と、まわりの方からも、声をかけられることでしょう。

年齢とともに肌や髪が衰えるのは、当たり前のこと。けれど、理論に基づいたケアを続けることで、衰えを遅くすることや、輝いていたころの本来の美しさを引き出すことも不可能ではないのです。

「頭ほぐし」は何歳から始めても、遅すぎるということはありません。始めたときより、見た目も、体や髪も、かならず美しく健やかに変わります。ぜひ今日から、毎日のルーティンのひとつとして、取り入れてみてください。

村木宏衣

10秒《びょう》で顔《かお》が引《ひ》き上《あ》がる
奇《き》跡《せき》の頭《あたま》ほぐし

2020年 5 月20日　第 1 刷発行
2022年 8 月31日　第41刷発行

著者　村《むら》木《き》宏《ひろ》衣《い》
発行者　平野健一
発行所　株式会社主婦の友社
〒141-0021
東京都品川区上大崎3-1-1
目黒セントラルスクエア
電話　03-5280-7537（編集）
03-5280-7551（販売）
印刷所　大日本印刷株式会社

ISBN 978-4-07-441997-5

■本書の内容に関するお問い合わせ、また、印刷・製本など製造上の不良がございましたら、主婦の友社（電話03-5280-7537）にご連絡ください。
■主婦の友社が発行する書籍・ムックのご注文は、お近くの書店か主婦の友社コールセンター（電話0120-916-892）まで。
※お問い合わせ受付時間　月〜金（祝日を除く）9:30〜17:30

主婦の友社ホームページ
https://shufunotomo.co.jp/

※本書に記載された情報は、
本書発売時点のものになります。

SHOP LIST

アヴェダお客様相談室
0570-003-770
アッカカッパ東京ミッドタウン日比谷
03-6205-7648
カラーズ
050-2018-2557
GMコーポレーションお客様窓口
06-6375-7170
シャンティ
0120-56-1114
ニールズヤード レメディーズ お客様お問合せ窓口
0120-316-999
フプの森
01655-4-3223
ミルボンお客様窓口
0120-658-894

STAFF

●ブックデザイン／
細山田光宣・鈴木あづさ（細山田デザイン事務所）
●撮影／
田形千紘（人物）、柴田和宣（主婦の友社／商品）
●ヘア＆メイク／福寿瑠美（PEACE MONKEY）
●イラスト／佐藤末摘
●モデル／廣岡聖
●取材・文／岩淵美樹
●企画協力／（株）ケイダッシュステージ
●編集担当／野崎さゆり（主婦の友社）